Impressum
Verlag: BABADADA GmbH, Nedderfeld 112 , 22529 Hamburg
Geschäftsführer / Verlagsleitung: Harald Hof
Druck: Books on Demand GmbH, In de Tarpen 42, 22848 Norderstedt

Imprint
Publisher: BABADADA GmbH, Nedderfeld 112 , 22529 Hamburg, Germany
Managing Director / Publishing direction: Harald Hof
Print: Books on Demand GmbH, In de Tarpen 42, 22848 Norderstedt

xikolo
σχολείο

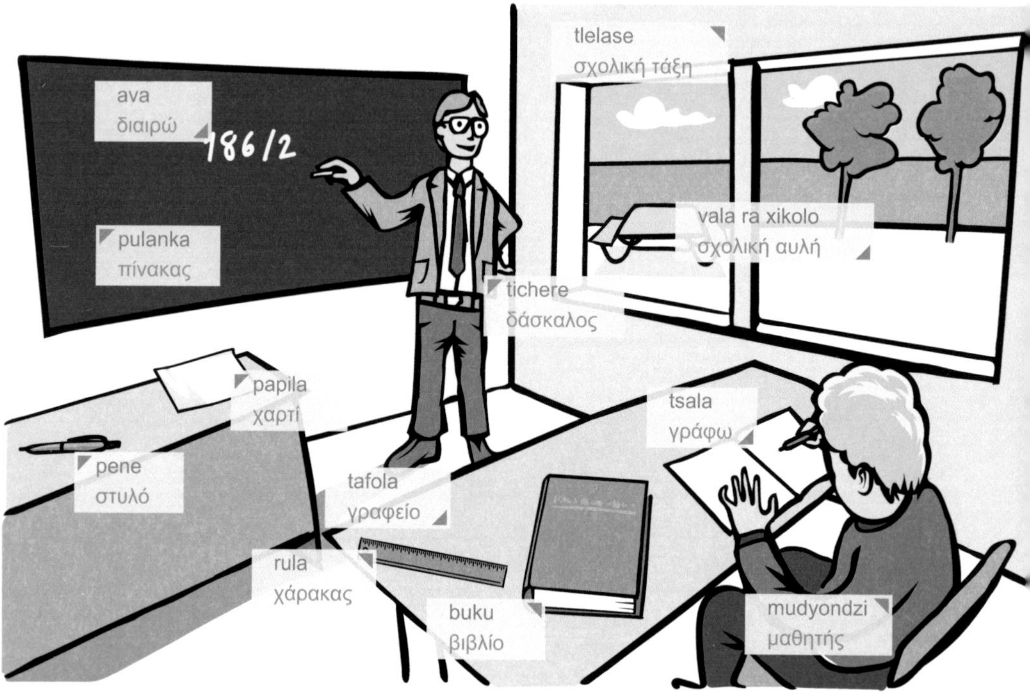
tlelase
σχολική τάξη
ava
διαιρώ
186/2
pulanka
πίνακας
vala ra xikolo
σχολική αυλή
tichere
δάσκαλος
papila
χαρτί
tsala
γράφω
pene
στυλό
tafola
γραφείο
rula
χάρακας
buku
βιβλίο
mudyondzi
μαθητής

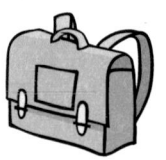

xinkwamana

σχολική τσάντα

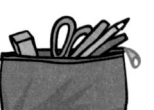

bokisi ra tipensele

κασετίνα/ μολυβοθήκη

pensele

μολύβι

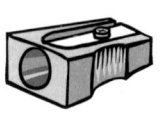

muchini wo vatla tipensele

ξύστρα

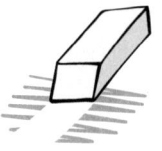

rhaba

γόμα

papilo ro dirowa

μπλοκ ζωγραφικής

xifaniso lexi diroweke
ζωγραφική

burachi ro penda
πινέλο

bokisi ro penda
κουτί χρωμάτων

xikero
ψαλίδι

xidamarheti
κόλλα

buku ya xikolo
τετράδιο ασκήσεων

ntirho wa le kaya
εργασία για το σπίτι

nombhoro
αριθμός

engeta
προσθέτω

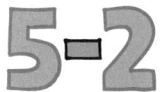

susa
αφαιρώ

andzisa
πολλαπλασιάζω

hlaya
υπολογίζω

letere
γράμμα

maletere
αλφάβητο

rito
λέξη

rungula

κείμενο

hlaya

διαβάζω

choko

κιμωλία

dyondzo

μάθημα

tsarisa

εγγράφομαι

xikambelo

τεστ

xitifiketi

πιστοποιητικό

swiambalo swa xikolo

μαθητική στολή

dyondzo

εκπαίδευση

nsonga-vutivi

εγκυκλοπαίδεια

univhesiti

πανεπιστήμιο

makhiriskopu

μικροσκόπιο

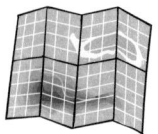

mepe

χάρτης

xikotela xo lahla maphepha

καλάθι αχρήστων

kufamba
ταξίδι

hotele
ξενοδοχείο
Grand
hositele
ξενώνας
ROOMS
CHANGE
ndhawu yo cinca mali
ανταλλακτήρια συναλλάγματος
putumendhe
βαλίτσα
movha
αυτοκίνητο

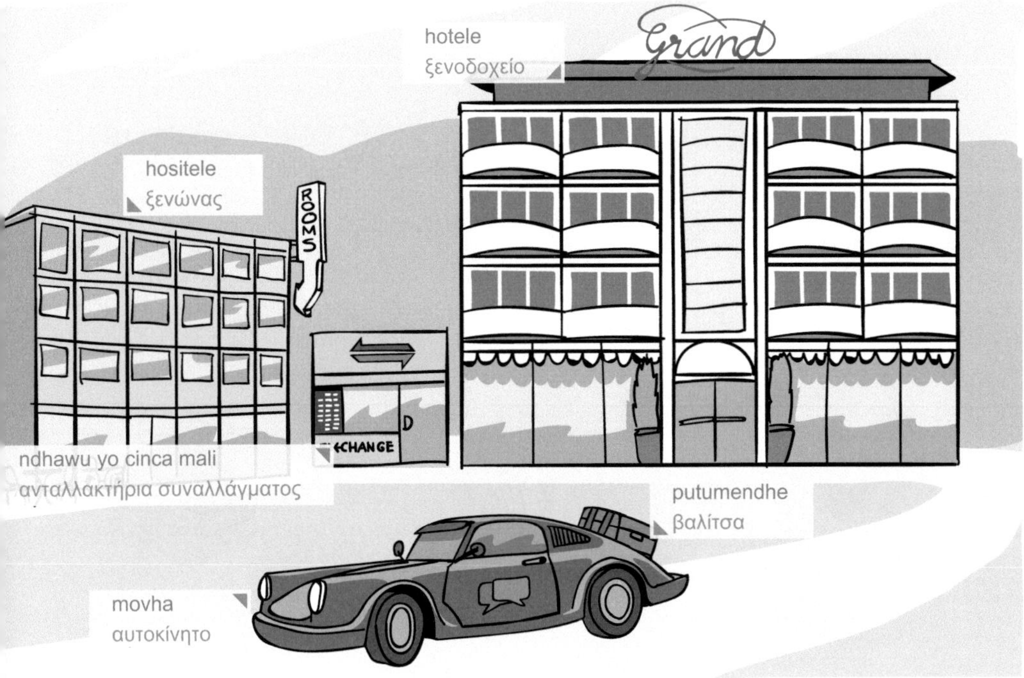

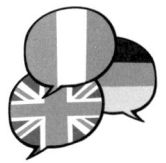

ririmi

γλώσσα

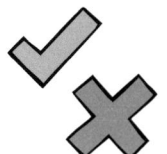

ina / e-e

ναι / όχι

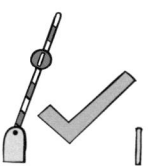

Swikahle

εντάξει

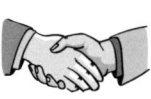

ahe

γεια σου

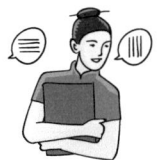

muhundzuluxeri

μεταφραστής

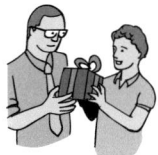

Ndza khensa

Ευχαριστώ

ivungani...?

πόσο κάνει ;

Andzi twisisi

Δε καταλαβαίνω

nkinga

πρόβλημα

Riperile!

Καλησπέρα!

Maxelo ya kahle!

Καλημέρα!

Vusiku bya kahle!

Καληνύχτα!

sala kahle

Αντίο

nkongomiso

κατεύθυνση

mindzhwalo

αποσκευές

nkwama

τσάντα

nkwama

σακίδιο πλάτης

muendzi

καλεσμένος

kamara

δωμάτιο

nkwama wo etlela

υπνόσακος

tende

σκηνή

vuxokoxoko bya vaendzi

τουριστικές πληροφορίες

ribuwa

παραλία

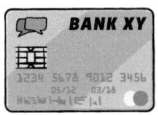

khadi ra xikweleti

πιστωτική κάρτα

xifihlulo

πρωινό

swakudya swa ninhlekani

μεσημεριανό

swakudya swa nimadyambu

δείπνο

thikithi

εισιτήριο

kheshe

ανελκυστήρας

xitempe

γραμματόσημο

ndzilakana

σύνορα

mikhuva

τελωνείο

hovisi ya vuyimeri ya tiko

πρεσβεία

visa

βίζα

pasi ro endza

διαβατήριο

swilo swo famba

μεταφορά

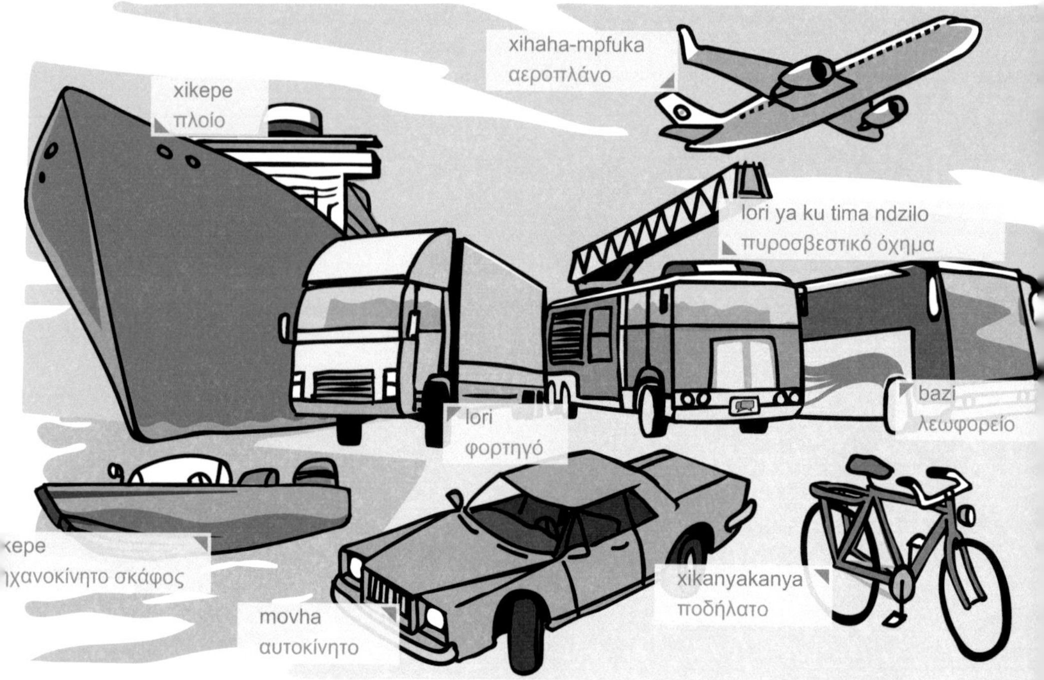
xihaha-mpfuka
αεροπλάνο
xikepe
πλοίο
lori ya ku tima ndzilo
πυροσβεστικό όχημα
lori
φορτηγό
bazi
λεωφορείο
kepe
ιχανοκίνητο σκάφος
movha
αυτοκίνητο
xikanyakanya
ποδήλατο

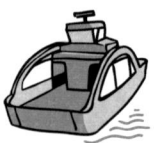

xikepe

φεριμπότ

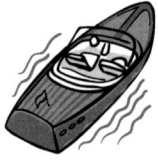

xikepe

βάρκα

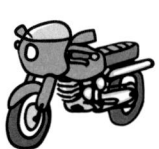

xithuthuthu

μοτοσικλέτα

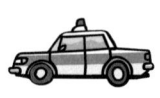

movha wa maphorisa

περιπολικό

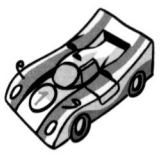

movha wa mphikizano

αγωνιστικό αυτοκίνητο

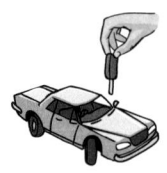

movha yo lombiwa

ενοικιαζόμενο αυτοκίνητο

ku avelana hi movha

διαμοιρασμός αυτοκινήτων

lori yo koka timovha

γερανός

lori yo rhwala chaka

απορριμματοφόρο

njhini

κινητήρας

mafurha

καύσιμο

ndhawu yo xavisa petirolo

βενζινάδικο

mpfungo wa le patwini

πινακίδα σήμανσης

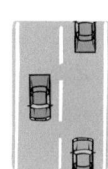

mafambelo ya mimovha

κυκλοφορία

ntlimbano wa timovha

κυκλοφοριακή συμφόρηση

phaki ya timovha

χώρος στάθμευσης

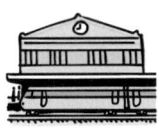

xitichi xa xitimela

σιδηροδρομικός σταθμός

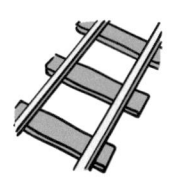

mintila

σιδηροδρομικές γραμμές

xitimela

τρένο

banzi leri fambaka exiporweni

τραμ

kalichi

βαγόνι

xihaha-mpfuka-phatsa

ελικόπτερο

rivala ra siwhaha-mpfuka

αεροδρόμιο

xihondzo

πύργος

mukhandziyi

επιβάτης

bokisi

εμπορευματοκιβώτιο

bokisi

χαρτοκιβώτιο

kalichi

καρότσι

xirhundzi

καλάθι

suka / tshama

απογειώνομαι /
προσγειόνομαι

doroba
πόλη

muti

χωριό

nkava wa doroba

κέντρο της πόλης

yindlu

σπίτι

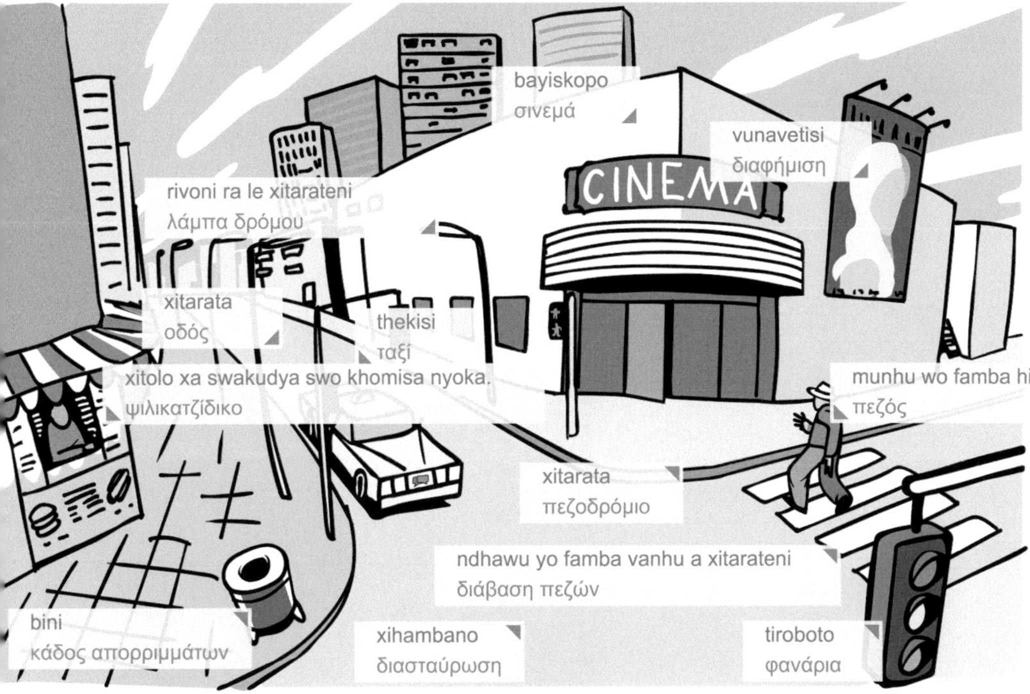

bayiskopo
σινεμά
vunavetisi
διαφήμιση
CINEMA
rivoni ra le xitarateni
λάμπα δρόμου
xitarata
οδός
thekisi
ταξί
xitolo xa swakudya swo khomisa nyoka.
ψιλικατζίδικο
munhu wo famba hi
πεζός
xitarata
πεζοδρόμιο
ndhawu yo famba vanhu a xitarateni
διάβαση πεζών
bini
κάδος απορριμμάτων
xihambano
διασταύρωση
tiroboto
φανάρια

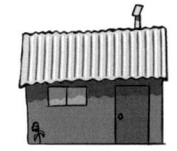

xiyindlwana xa byanyi

καλύβα

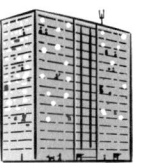

yindlu

διαμέρισμα

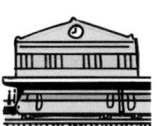

xitichi xa xitimela

σιδηροδρομικός σταθμός

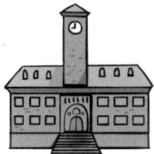

holo ya vanhu

δημαρχείο

MUSEUM

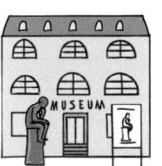

muziyamu

μουσείο

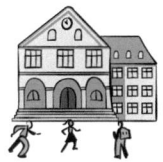

xikolo

σχολείο

univhesiti

πανεπιστήμιο

bangi

τράπεζα

xibedlhele

νοσοκομείο

hotele

ξενοδοχείο

xitolo xa miri

φαρμακείο

hofisi

γραφείο

xitolo xa tibuku

βιβλιοπωλείο

xitolo

κατάστημα

xitolo xa swiluva

ανθοπωλείο

xitolo le xikulu swinene

σούπερ μάρκετ

makete

αγορά

xitolo le xikulu

πολυκατάστημα

xitolo xa tinhlampfi.

ιχθυοπωλείο

ndhawu ya switolo

εμπορικό κέντρο

hlaluko

λιμάνι

phaka

πάρκο

bence

παγκάκι

buloho

γέφυρα

switepisi

σκάλες

ehansi ka misava

μετρό

muhocho

τούνελ

xitichi xa tibanzi

στάση λεωφορείου

barha

μπαρ

rhesiturente

εστιατόριο

bokisi ra poso

γραμματοκιβώτιο

mfungho wa xitarata

πινακίδα δρόμου

muchini wa mali ya ku phaka

παρκόμετρο

ntanga wa swiharhi

ζωολογικός κήπος

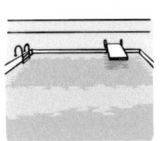

damu ro xambela

πισίνα

mosque

τζαμί

purasi

αγρόκτημα

nthyakiso

ρύπανση

masirha

νεκροταφείο

kereke

εκκλησία

rivala ra mintlangu

παιδική χαρά

tempele

ναός

ndhawu

τοπίο

tluka
φύλλο

mfungho wa gondzo
πινακίδα κατεύθυνσης

ndlela
δρόμος

byanyi byo tala
λιβάδι

ribye
πέτρα

munhu wo khandziya tintshava
πεζοπόρος

murhi
δέντρο

nambu
ποτάμι

byanyi
χορτάρι

xiluva
λουλούδι

nkova

κοιλάδα

xitsunga

λόφος

tiva

λίμνη

khwati

δάσος

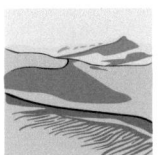

mananga

έρημος

volkheno

ηφαίστειο

ntsinda

κάστρο

nkwangulatilo

ουράνιο τόξο

swikowa

μανιτάρι

murhi wa nchindzu

φοίνικας

nsuna

κουνούπι

haha

μύγα

vusokoti

μυρμήγκι

nyoxi

μέλισσα

puma

αράχνη

xifufunhunu

σκαθάρι

chele

βάτραχος

maxindyana

σκίουρος

nhloni

σκαντζόχοιρος

mfundla

λαγός

xikhova

κουκουβάγια

xinyenyane

πουλί

sekwa

κύκνος

ngluve ya nhova

αγριογούρουνο

mhunti

ελάφι

mhofu

άλκη

damu

φράγμα

xipelupelu xa moya

ανεμογεννήτρια

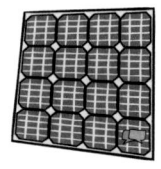

bodo leyi tswongaka kuhisa
ka dyambu

ηλιακός συλλέκτης

maxelo

κλίμα

rhesiturente

εστιατόριο

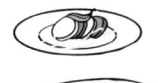

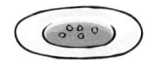

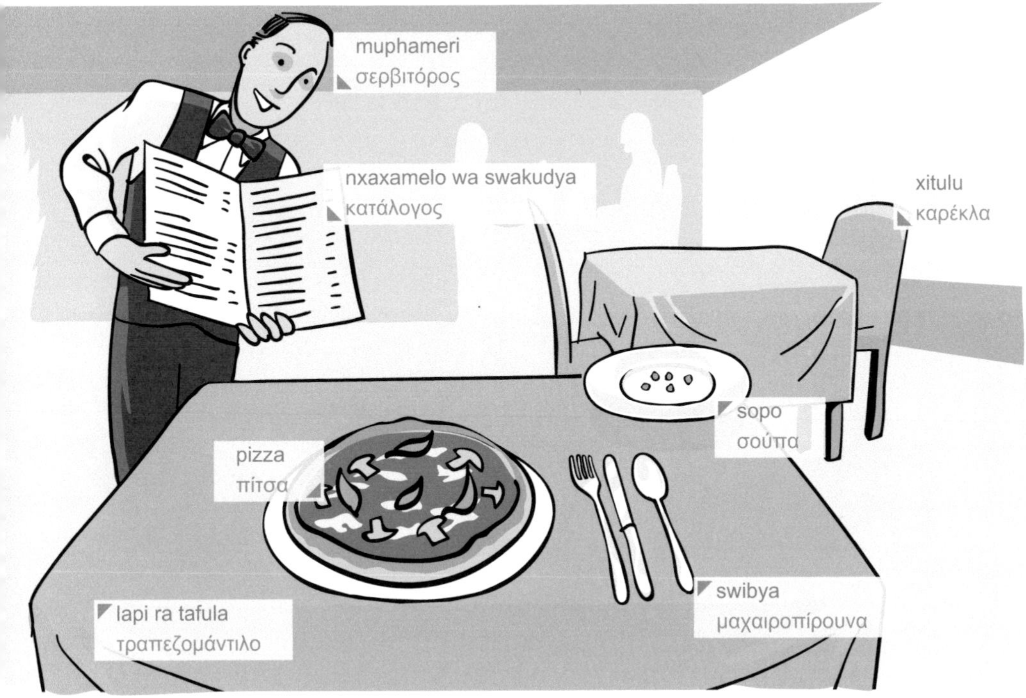

muphameri
σερβιτόρος
nxaxamelo wa swakudya
κατάλογος
xitulu
καρέκλα
sopo
σούπα
pizza
πίτσα
swibya
μαχαιροπίρουνα
lapi ra tafula
τραπεζομάντιλο

swakudya swa ku naveta

ορεκτικό

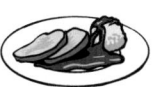

swakudya

κύριο πιάτο

swo rhelerisa

επιδόρπιο

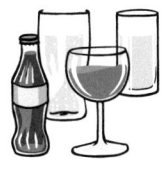

swakunwa

ποτά

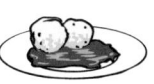

swakudya

φαγητό

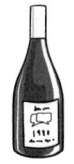

bodlhela

μπουκάλι

swakudya swa xihatla

φαστ φουντ

swakudya swa le ndleleni

φαγητό στ' όρθιο

mbita ya tiya

τσαγιέρα

xibye xa chukela

δοχείο ζάχαρης

xiphemu

μερίδα

muchini wa espresso

μηχανή εσπρέσο

xitulu xa le henhla

ψηλή καρέκλα

swikweleti

λογαριασμός

thireyi

δίσκος

mukwana

μαχαίρι

foroko

πιρούνι

lepula

κουτάλι

xilepulana

κουταλάκι του τσαγιού

phepha ro sula nomu

πετσέτα φαγητού

nghilazi

ποτήρι

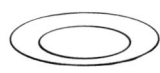

pleti

πιάτο

pleti ya sopo

πιάτο σούπας

sosara

πιατάκι φλιτζανιού

murhu

σάλτσα

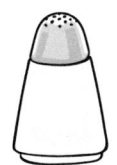

xilo xo chele munyu

αλατιέρα

xilo xo gaya

μύλος για πιπέρι

vhiniga

ξύδι

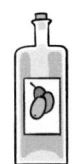

mafurha

λάδι

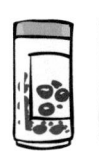

swinyunyeteri

μπαχαρικά

ketchup

κέτσαπ

mustard

μουστάρδα

mayonasi

μαγιονέζα

xitolo le xikulu swinene

σούπερ μάρκετ

nyiko yo hlawuleka
προσφορά
FOR
muxavi
πελάτης
ntsamba
γαλακτοκομικά προϊόντα
mihandzu
φρούτα
xikocikara
καρότσι για ψώνια

BUTCHERS

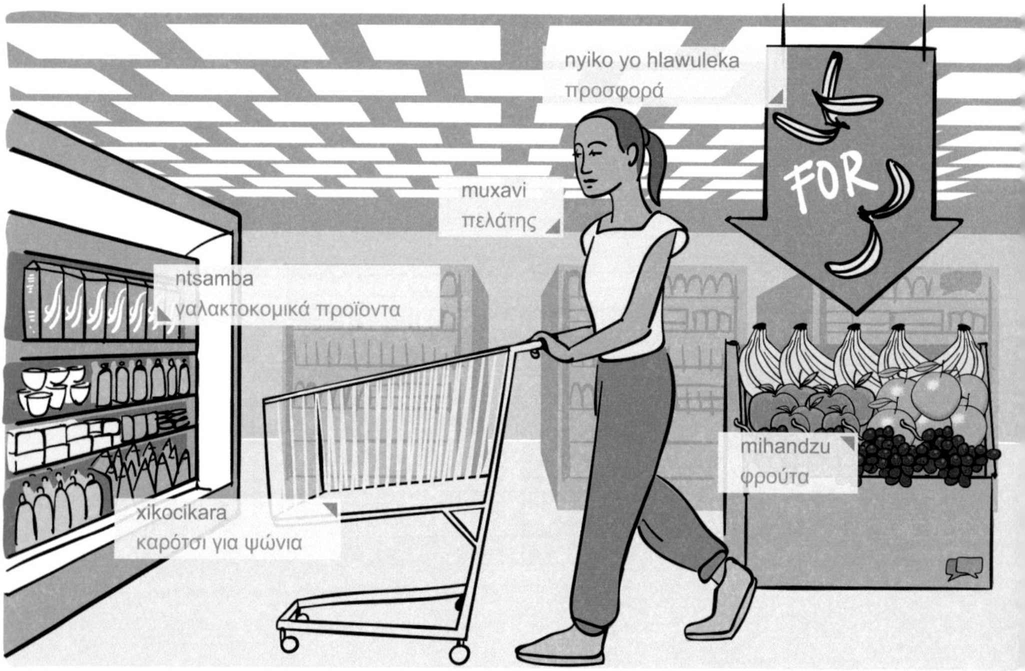

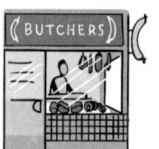

buchara

κρεοπωλείο

BAKERY

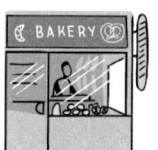

bekari

φούρνος

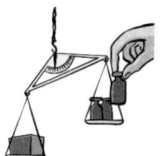

ringanyeta

ζυγίζω

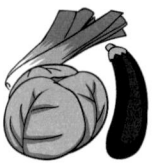

swimila

λαχανικά

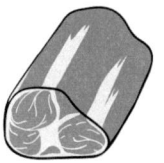

nyama

κρέας

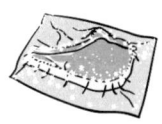

swakudya swo titimela

κατεψυγμένα τρόφιμα

nyama

αλλαντικά

swakudya leswi nga thinini

κονσερβοποιημένη τροφή

mapa yo hlanswa

απορρυπαντικό ρούχων

malekere

γλυκά

switirhisiwa swa le ndlwini

οικιακά είδη

swilo swo basisa

καθαριστικά προϊόντα

munhu wo xavisa

πωλήτρια

thili

ταμείο

muamukeli wa timali

ταμίας

nxaxamelo wa swo xaviwa

λίστα για ψώνια

nkarhi wa ku tirha

ωράριο λειτουργίας

nkwama wa mali

πορτοφόλι

khadi ra xikweleti

πιστωτική κάρτα

nkwama

τσάντα

nkwama wa pulasitiki

πλαστική σακούλα

mati

νερό

ntsutsu

χυμός

meleke

γάλα

coke

κόκα κόλα

vhinyo

κρασί

byalwa

μπίρα

byala

αλκοόλ

cocoa

κακάο

tiya

τσάι

kofi

καφές

espresso

εσπρέσο

cappuccino

καπουτσίνο

banana

μπανάνα

apula

μήλο

lamula

πορτοκάλι

kalabatla

πεπόνι

swiri

λεμόνι

kherotsi

καρότο

swinyalana

σκόρδο

musengele

μπαμπού

nyala

κρεμμύδι

swikowa

μανιτάρι

timanga

ξηροί καρποί

makaroni ya nyama

νουντλς

spaghetti

μακαρόνια

rhayisi

ρύζι

saladi

σαλάτα

machipisi

πατατάκια

nhlata wo katingiwa

τηγανητές πατάτες

pizza

πίτσα

hamburger

χάμπουργκερ

xinkwa

σάντουιτς

cutlet

κοτολέτα

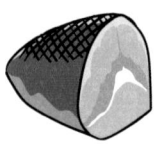

ham

ζαμπόν

salami

σαλάμι

soseji

λουκάνικο

huku

κοτόπουλο

katinga

ψητό

hlampfi

ψάρι

oats

χυλός βρώμης

muesli

μούσλι

rivele-ndzoho

κορν φλέικς

filawa

αλεύρι

bantsi

κρουασάν

xinkwa

ψωμάκι

xinkwa

ψωμί

xinkwa xo oxiwa

τοστ

makokisi

μπισκότα

botere

βούτυρο

ribomba ra tswamba

τυρόπηγμα

khekhe

κέικ

tandza

αυγό

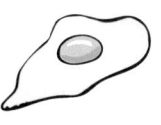

matandza lama katingiweke

τηγανητό αυγό

chizi

τυρί

ayisi khrimi

παγωτό

chukela

ζάχαρη

vulombe

μέλι

jamu

μαρμελάδα

botere ya chokoleti

άλλειμμα σοκολάτας

curry

κάρυ

purasi
αγρόκτημα

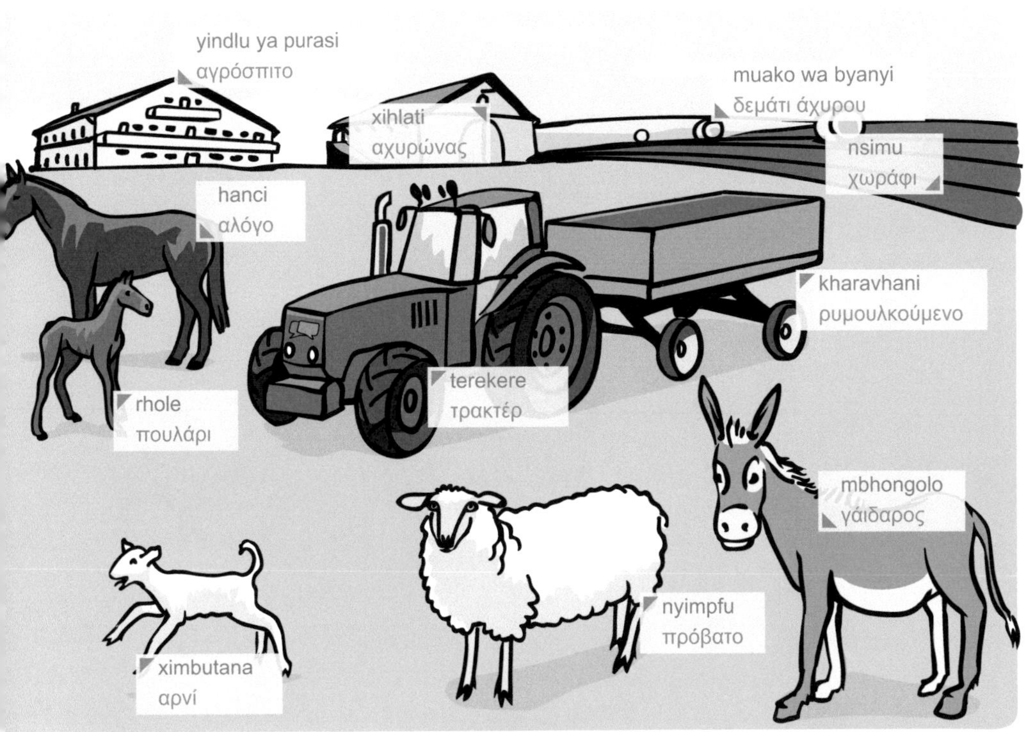

yindlu ya purasi
αγρόσπιτο
xihlati
αχυρώνας
muako wa byanyi
δεμάτι άχυρου
nsimu
χωράφι
hanci
αλόγο
kharavhani
ρυμουλκούμενο
terekere
τρακτέρ
rhole
πουλάρι
mbhongolo
γάιδαρος
nyimpfu
πρόβατο
ximbutana
αρνί

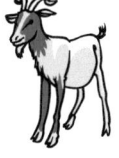

mhunti

κατσίκα

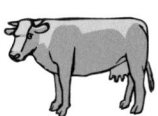

homu

αγελάδα

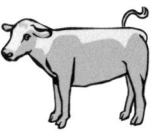

rhole

μοσχαράκι

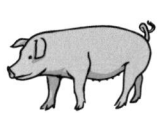

nguluve

γουρούνι

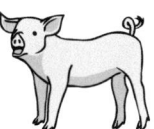

xingulubyana

γουρουνάκι

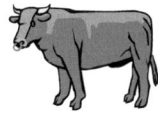

nkuzi

ταύρος

sekwa

χήνα

sweka

πάπια

xikukwana

κοτοπουλάκι

mbhaha

κότα

nkuku

κόκορας

kondlo

αρουραίος

ximanga

γάτα

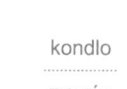

kondlo

ποντίκι

homu

βόδι

mbyana

σκύλος

yindlu ya mbyana

σπιτάκι σκύλου

payipi ya mati

λάστιχο κήπου

xilo xo chelela mati

ποτιστήρι

nsimbi yo tsema

θεριστήρι

xikomu

αλέτρι

sikele

δρεπάνι

xikomu

τσάπα

foroko le yikulu

δίκρανο

xihloka

τσεκούρι

bara

χειράμαξα

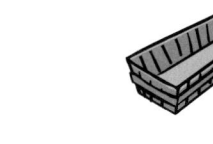

xitsengele

ταΐστρα

xilo xo chela ntswamba

δοχείο γάλακτος

saka

σάκος

rirhangu

φράχτης

xivala

στάβλος

yindlu ya vuhlayiselo bya swimilana

θερμοκήπιο

misava

έδαφος

mbewu

σπόρος

swinonisi

λίπασμα

muchini wa ku tshovela

θεριζοαλωνιστική μηχανή

tshovela

θερίζω

ntshovelo

συγκομιδή

mintsumbula

γιαμς

koroni

σιτάρι

tinyawa

σόγια

nhlata

πατάτα

koroni

καλαμπόκι

rapeseed

κράμβη

nsinya wa mihandzu

οπωροφόρο δέντρο

ntsumbula

μανιόκα

swakudya swa tidzoho

δημητριακά

yindlu
σπίτι

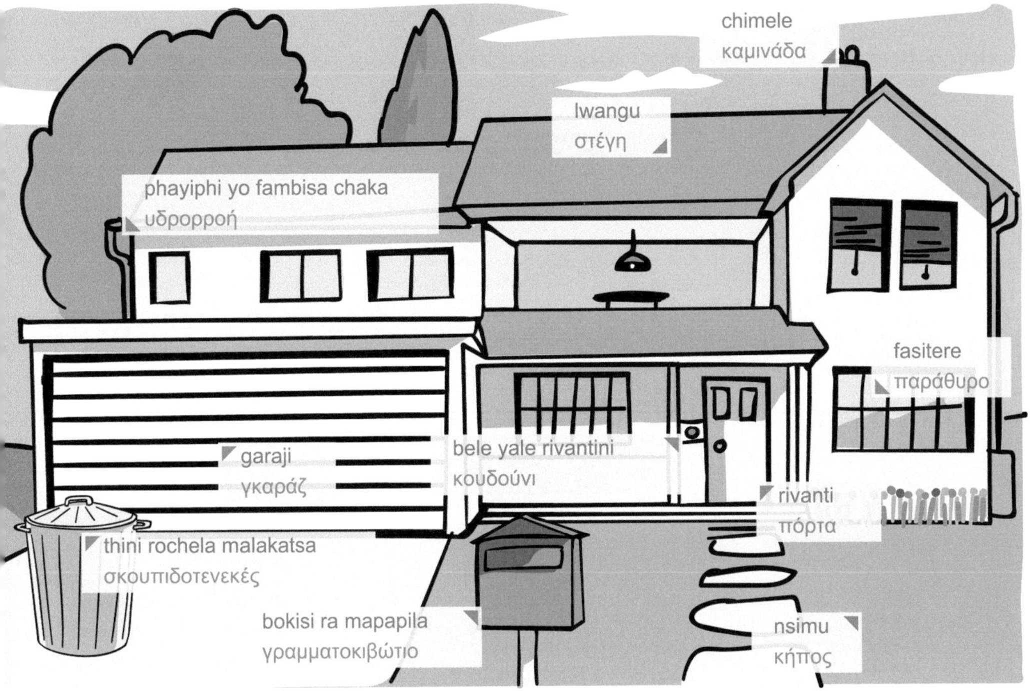
chimele
καμινάδα
lwangu
στέγη
phayiphi yo fambisa chaka
υδρορροή
fasitere
παράθυρο
garaji
γκαράζ
bele yale rivantini
κουδούνι
rivanti
πόρτα
thini rochela malakatsa
σκουπιδοτενεκές
bokisi ra mapapila
γραμματοκιβώτιο
nsimu
κήπος

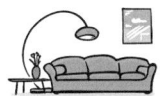

kamara ro tshama

σαλόνι

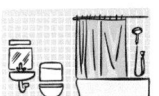

kamara yo hlambela

μπάνιο

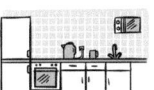

khishini

κουζίνα

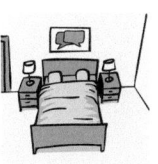

kamera ro etlela

υπνοδωμάτιο

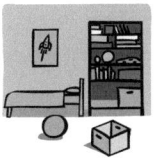

kamana ya vana

παιδικό δωμάτιο

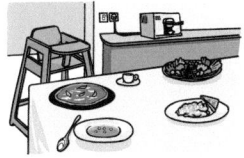

ndhawu yo dyela

τραπεζαρία

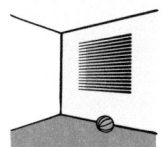

ehansi

πάτωμα

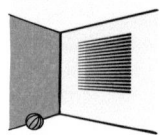

khumbi

τοίχος

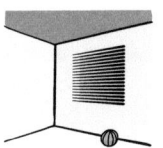

silingi

οροφή

kamera ra le hansi

κελάρι

phungula

σάουνα

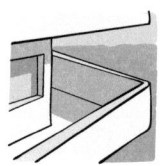

rikupakupa

μπαλκόνι

tshala

βεράντα

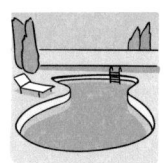

damu

πισίνα

muchini wo tsema byanyi

μηχανή του γκαζόν

nkumba

σεντόνι

swo andlalela mubedo

κάλυμμα κρεβατιού

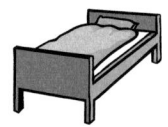

mubedo

κρεβάτι

nkukulu

σκούπα

bakiti

κουβάς

swichi

διακόπτης

kamara ro tshama

σαλόνι

phepha ra le khumbini
ταπετσαρία
xifaniso
φωτογραφία
rivoni
λάμπα
xelufu
ράφι
khabodo
ντουλάπι
thelevhixini
τηλεόραση
xitiko
τζάκι
xiluva
λουλούδι
xikhengele
μαξιλάρι
sofa
καναπές
mbita
βάζο
xilawula-kule
τηλεκοντρόλ

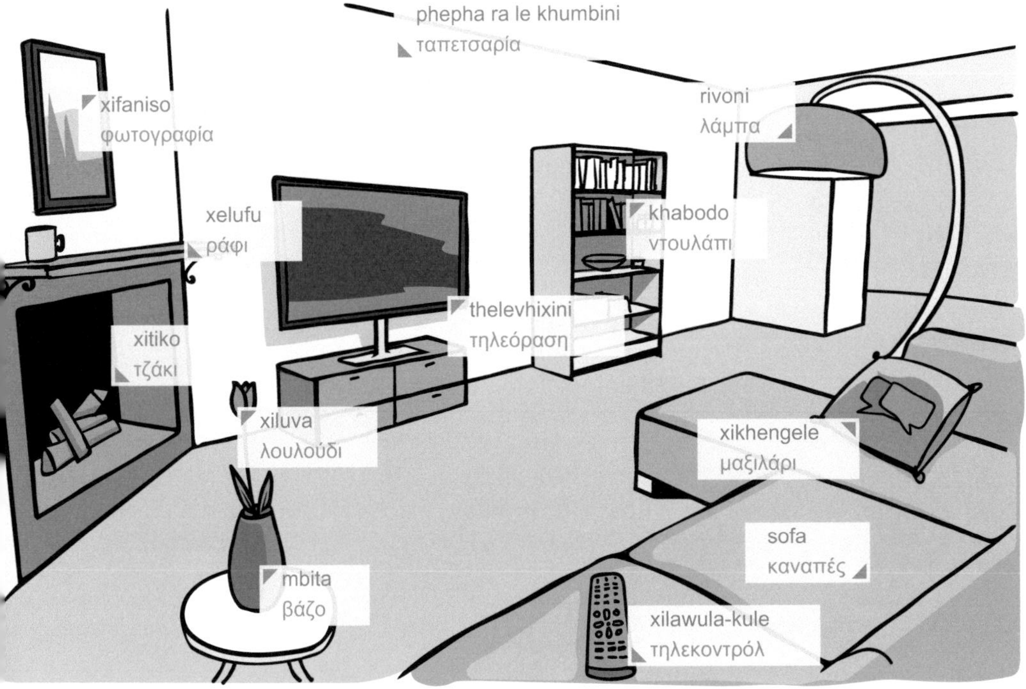

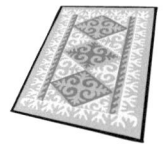

khapete

χαλί

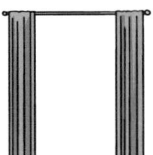

khethenisi

κουρτίνα

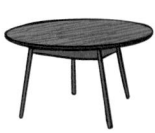

tafula

τραπέζι

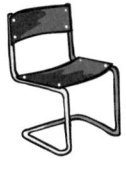

xitulu

καρέκλα

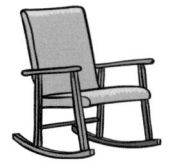

xitulu xo mbuwetela

κουνιστή πολυθρόνα

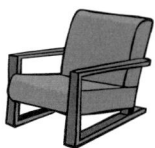

xitulu xo tlhandleka mavoko

πολυθρόνα

buku
βιβλίο

nkumba
κουβέρτα

nkhaviso
διακόσμηση

tihunyi
καυσόξυλα

filimi
ταινία

muchini wa hi-fi
στερεοφωνικό σύστημα

xinotlelo
κλειδί

phepha-hungu
εφημερίδα

xifaniso lexi vatliweke
πίνακας ζωγραφικής

bodo ya xifaniso
αφίσα

xiya-ni-moya
ραδιόφωνο

buku yo tsala tinhla
σημειωματάριο

hoover
ηλεκτρική σκούπα

xiluva xa cactus
κάκτος

khandlela
κερί

khishini
κουζίνα

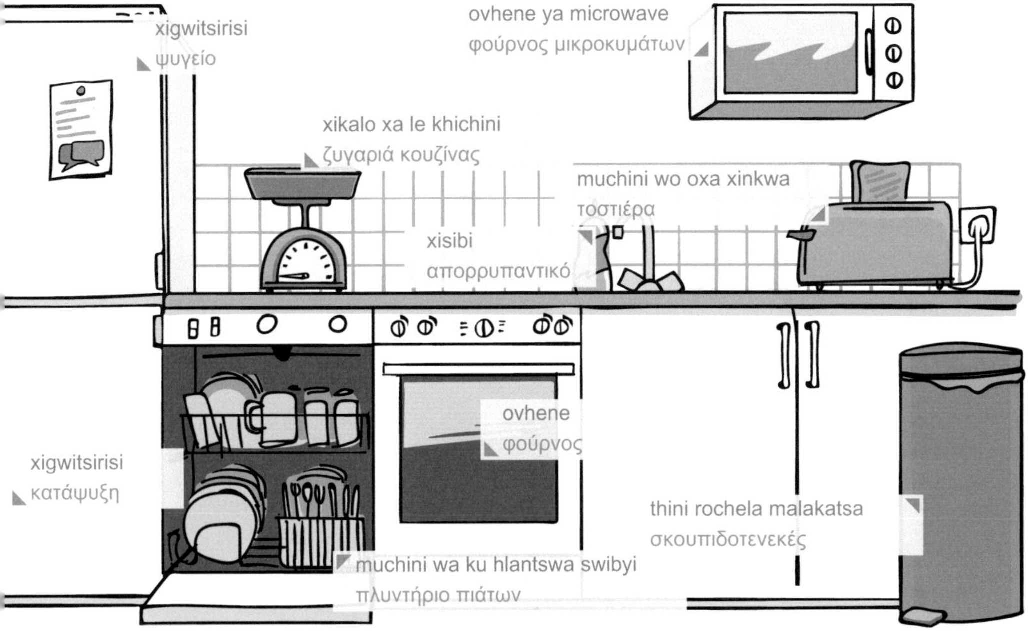

xigwitsirisi
ψυγείο
ovhene ya microwave
φούρνος μικροκυμάτων
xikalo xa le khichini
ζυγαριά κουζίνας
muchini wo oxa xinkwa
τοστιέρα
xisibi
απορρυπαντικό
ovhene
φούρνος
xigwitsirisi
κατάψυξη
thini rochela malakatsa
σκουπιδοτενεκές
muchini wa ku hlantswa swibyi
πλυντήριο πιάτων

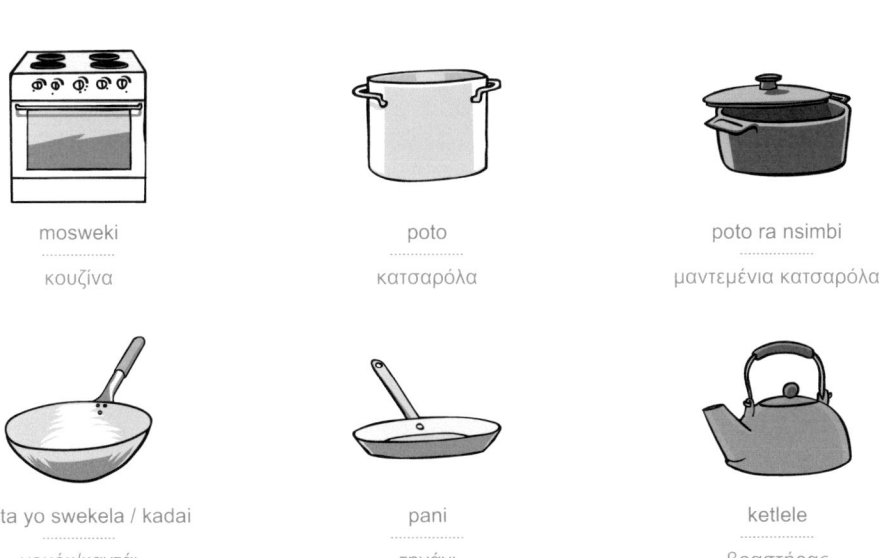

mosweki

κουζίνα

poto

κατσαρόλα

poto ra nsimbi

μαντεμένια κατσαρόλα

mbita yo swekela / kadai

γουόκ/καντάι

pani

τηγάνι

ketlele

βραστήρας

xo sweka hi nkahelo

ατμομάγειρας

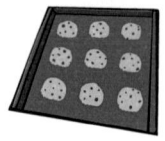

thireyi ya ku baka

ταψί

swibya

πιατικά

xikomichana

κούπα

ximbitana

μπολ

ti-chopstick

ξυλάκια

xipunu

κουτάλα

spatula

σπάτουλα

muchini wo hlanganisa

ανακατεύω

sefo

σουρωτήρι

xisefo

σουρωτηράκι

xilo xo tsemelela

τρίφτης

xibye

γουδί

nyama yo oshiwa

ψησταριά

ndzilo

ανοιχτή φωτιά

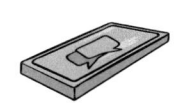

bodo ya ku tsemelela

σανίδα κοπής

mhandzi yo andlala fulawa

πλάστης

xo pfula mabodlhela

ανοιχτήρι φελλών

thini

κονσέρβα

xo pfula mathini

ανοιχτήρι κονσέρβας

xo khoma poto

γάντι φούρνου

zinki

νεροχύτης

buracha

βούρτσα

xiponci

σφουγγάρι

xilo lexi hlanganiselaka

μπλέντερ

xigwitsirisi

καταψύκτης

bodlhela ra n'wana

μπιμπερό

pompi

βρύση

kamara yo hlambela

μπάνιο

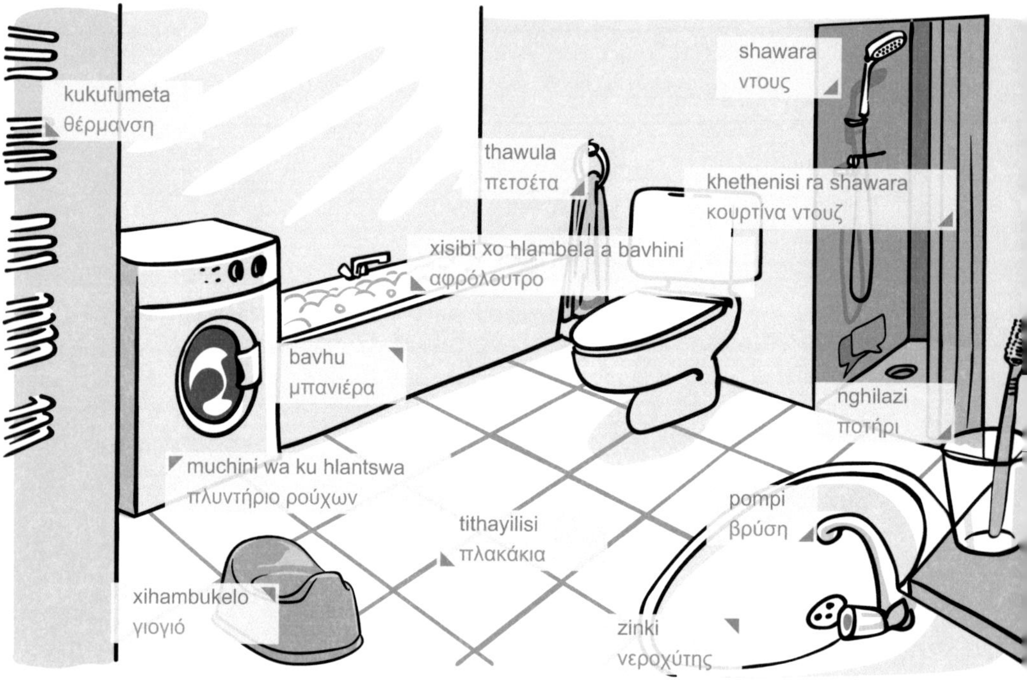
kukufumeta
θέρμανση
thawula
πετσέτα
shawara
ντους
khethenisi ra shawara
κουρτίνα ντους
xisibi xo hlambela a bavhini
αφρόλουτρο
bavhu
μπανιέρα
nghilazi
ποτήρι
muchini wa ku hlantswa
πλυντήριο ρούχων
pompi
βρύση
tithayilisi
πλακάκια
xihambukelo
γιογιό
zinki
νεροχύτης

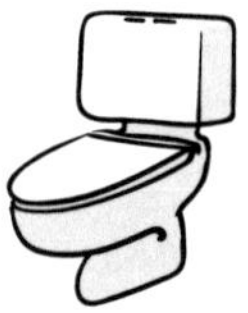

xihambukelo

τουαλέτα

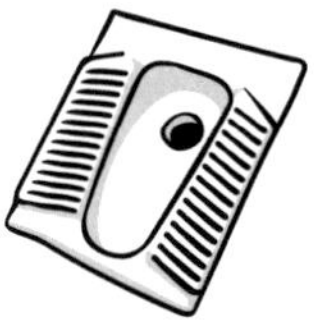

xihambukelo

τούρκικη τουαλέτα

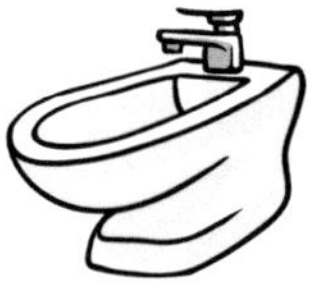

bidet

μπιντές

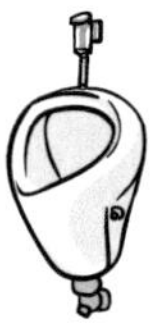

ndhawu yo tsakamisela

ουρητήριο

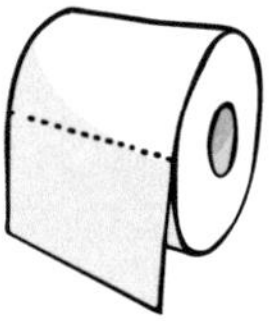

papila ra xihambukelo

χαρτί υγείας

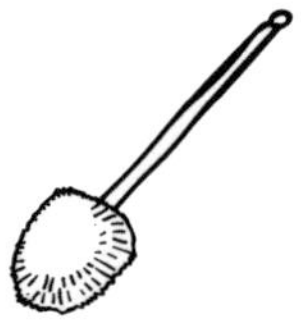

burachi bya xihambukelo

πιγκάλ

burachi bya meno

οδοντόβουρτσα

xisibi xa meno

οδοντόκρεμα

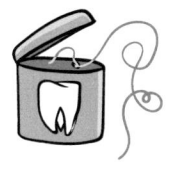

xo basisa exikarhi ka meno

οδοντικό νήμα

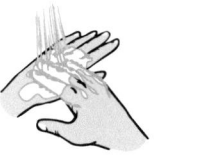

hlamba

πλένω

xawara yo khomiwa hivoko

τηλέφωνο ντους

douche

ντουσιέρα

xihlambelo

λεκάνη

buracha ra nhlana

βούρτσα πλάτης

xisibi

σαπούνι

xisibi xa xawara

αφρόλουτρο

shampoo

σαμπουάν

swilapana

φανέλα

xinambyana

σιφόνι

rivomba

κρέμα

xinhuherisi

αποσμητικό

xivoni

καθρέφτης

xivoni xo khomiwa hivoko

καθρέφτης χειρός

rikarhi

ξυραφάκι

xisibi so susa malevu

αφρός ξυρίσματος

mafurha ya kutola loku u heta ku tsemeta malevu

αφτερσέιβ

kama

χτένα

buracha

βούρτσα

muchini wo omisa mosisi

σεσουάρ

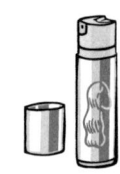

mafurha yo tola mosisi

λακ

xo tisasekisa

μακιγιάζ

xotota nomo

κραγιόν

xo tota minwala

βερνίκι νυχιών

kotoni

βαμβάκι

xo tsema minwala

ψαλίδι νυχιών

xinhuherisi

άρωμα

nkwama wa le
xihambukelweni

νεσεσέρ

nchuluko

σκαμπό

xikalo

ζυγαριά

nguvu yo hlamba

μπουρνούζι

tiglovhu ta raba

ελαστικά γάντια

tampon

ταμπόν

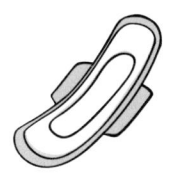

thawula ra ku basisa

πετσέτα υγιεινής

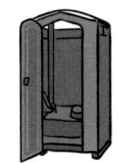

xihambukelo xa le handle

χημική τουαλέτα

kamana ya vana
παιδικό δωμάτιο

alamu ya wachi
ξυπνητήρι
xo tlanga sa ku etlela
λούτρινο ζωάκι
movha ya ku tlangisa
αυτοκινητάκι
xokocokoco
κουδουνίστρα
yindlu ya swipopana
κουκλόσπιτο
nyiko
δώρο

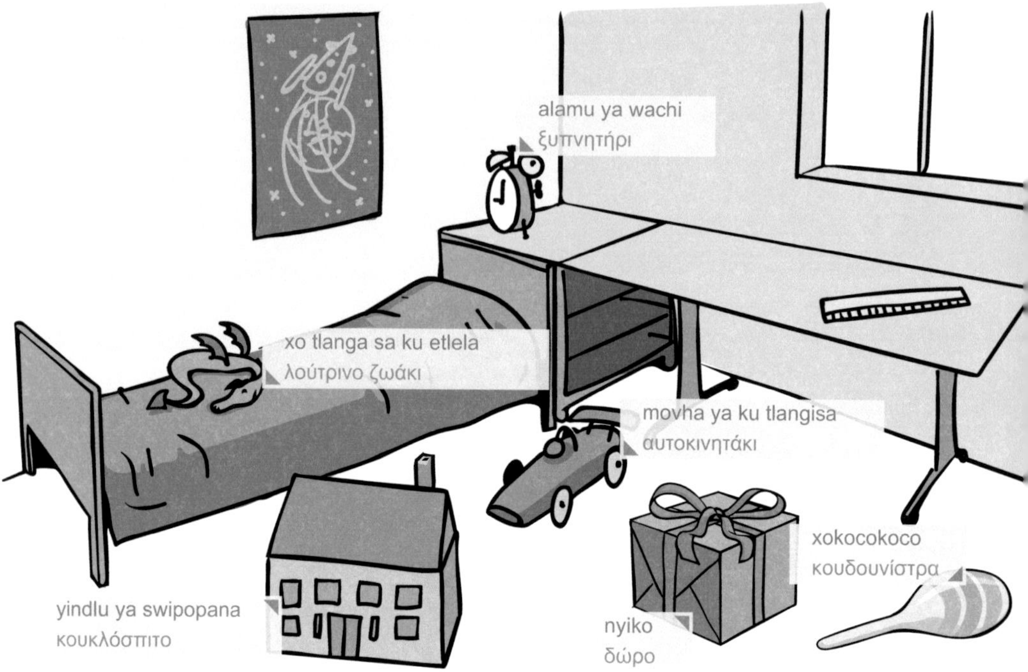

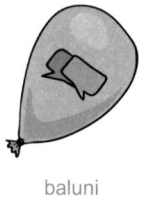

baluni

μπαλόνι

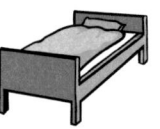

mubedo

κρεβάτι

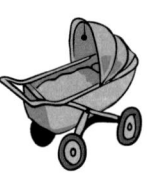

pureme

καροτσάκι

makhadi

τράπουλα

jigsaw

παζλ

SUPER MEGA

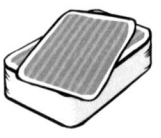

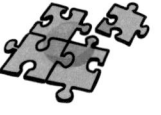

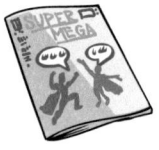

khomiki

κόμικς

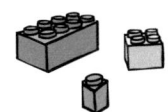

switina swa lego

τουβλάκια lego

swiaki

τουβλάκια κατασκευών

xo tlanga xa vana

φιγούρα δράσης

swiambalo swa nwana

βρεφικό φορμάκι

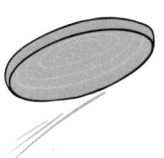

Frisbee

φρίσμπι

mobile

μόμπιλο

ntlango wa le bodweni

επιτραπέζιο παιχνίδι

dayisi

ζάρια

xitimela xo tlanga

σετ τρενάκι

xo tlangisa vana

πιπίλα

nkhuvo

πάρτι

buku ya swifaniso

εικονογραφημένο βιβλίο

bolo

μπάλα

xipopana

κούκλα

tlanga

παίζω

khele ra sava

σκάμμα με άμμο

muchinginya

κούνια

swilo swo tlangisa

παιχνίδια

mintlango ya vhidiyo

κονσόλα βιντεοπαιχνιδιών

xithuthuthu xa mivhilwa manharhu

τρίκυκλο

tibere to tlangisa

αρκουδάκι

wadirobo

ντουλάπα

swiambalo

ρούχα

masokisi

κάλτσες

masokisi

καλτσοδέτες

buruku byo tlimba

καλσόν

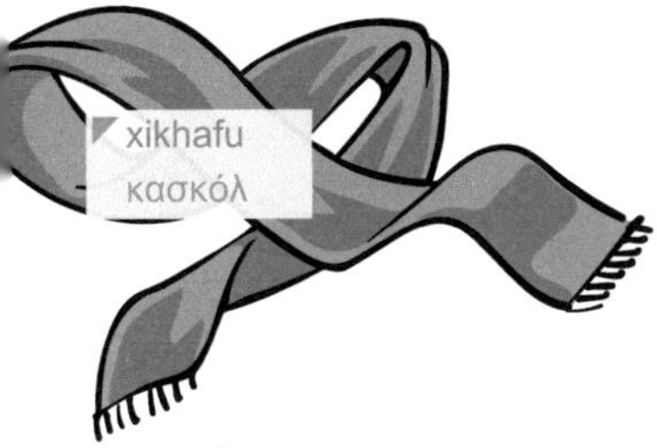

xikhafu
κασκόλ

ambulele
ομπρέλα

xikipa
μπλουζάκι

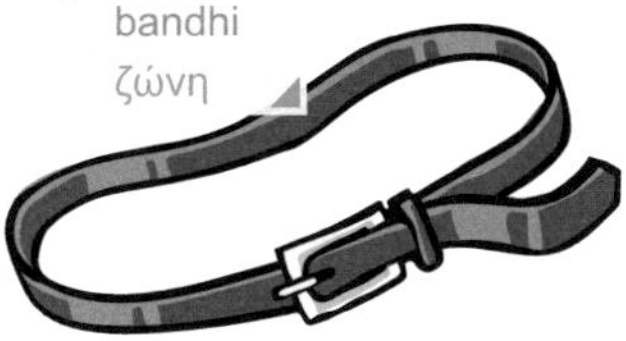

bandhi
ζώνη

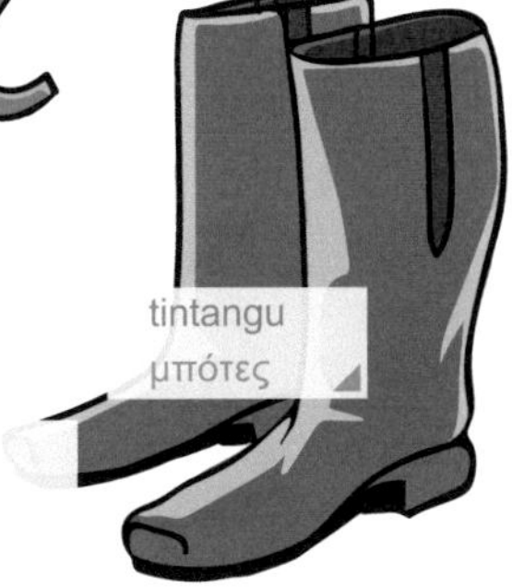

tintangu
μπότες

maphashana
παντόφλες

tintangu to tsutsuma
αθλητικά παπούτσια

maphashana

σανδάλια

tintangu

παπούτσια

majombo ya raba

γαλότσες

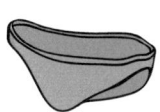

maburuko ya le ndzeni

εσώρουχο

bodi

σουτιέν

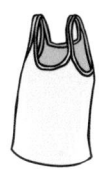

xikipa xa le ndzeni

φανέλα

miri

σώμα

maburuko

παντελόνι

bokati

τζιν παντελόνι

xiketi

φούστα

bulawusi

μπλούζα

hembe

πουκάμισο

jesi

πουλόβερ

jazi ro fingeneta nhloko

πουλόβερ

buleyizara

σακάκι

baji

μπουφάν

nghuvo

παλτό

jazi rampfula

αδιάβροχο πανωφόρι

swiambalo

κοστούμι

swiambalo

φόρεμα

rhoko ya mucato

νυφικό

sudu

κοστούμι

xiambalo xo etlela

νυχτικό

swi ambalo swo etlela

πιτζάμες

sari

σάρι

xikhafu

μαντήλι

duku

τουρμπάνι

burqa

μπούρκα

swi ambalo

καφτάνι

abaya

μουσουλμανικό ένδυμα

swiambalo swo hlambela

ολόσωμο μαγιό

maburuko ya le ndzeni

ανδρικό μαγιό

buruku ro koma

σορτς

tracksuit

αθλητική φόρμα

fasikoti

ποδιά

maglilavhu

γάντια

kunupu

κουμπί

manghilazi ya mahlo

γυαλιά

sindza

βραχιόλι

vuhlalu

περιδέραιο

xingwaxila

δαχτυλίδι

vo sasekisa tindleve

σκουλαρίκι

kepisi

καπέλο

hangara ya nghuvo

κρεμάστρα

xigqoko

καπέλο

thayi

γραβάτα

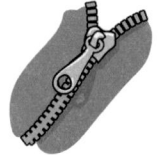

zipi

φερμουάρ

xihuku

κράνος

minxongotelo

τιράντες

swiambalo swa xikolo

μαθητική στολή

yunifomo

στολή

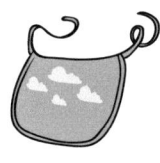

bibi

σαλιάρα

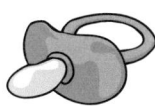

xo tlangisa vana

πιπίλα

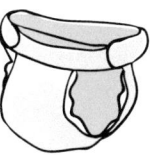

leyiri

πάνα

hofisi

γραφείο

server
σέρβερ
khabodo yo beka tifayili
αρχειοθήκη
muchini wa ku kandziyisa
εκτυπωτής
papila
χαρτί
xikirini
οθόνη
mouse
ποντίκι
tafola
γραφείο
xilo xo veka swiphephana
ντοσιέ
keyboard
πληκτρολόγιο
xikotela xo lahla maphepha
καλάθι αχρήστων
khompyuta
υπολογιστής
xitulo
καρέκλα

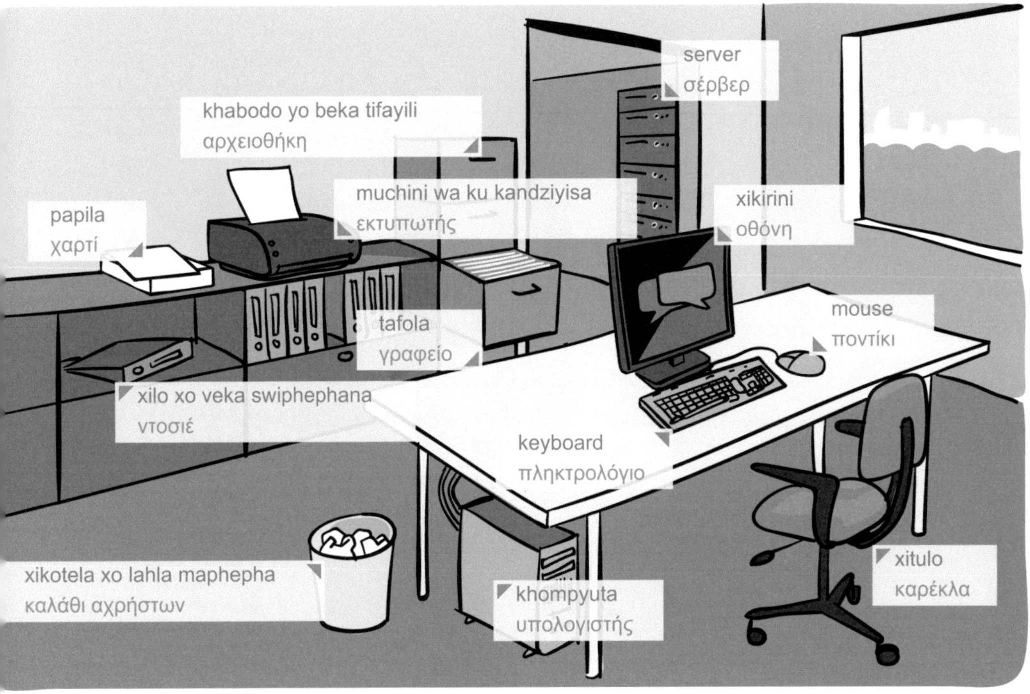

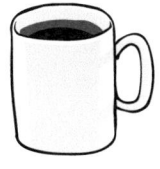

bikiri ra kofi

κούπα του καφέ

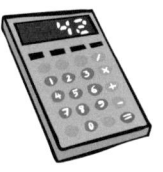

muchini wo hlaya

κομπιουτεράκι

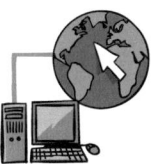

internet

ίντερνετ

laptop

λάπτοπ

papila

γράμμα

rungula

μήνυμα

foni

κινητό

network

δίκτυο

muchini wo endla tikopi

φωτοτυπικό μηχάνημα

progreme ya khompyuta

λογισμικό

riqingho

τηλέφωνο

pulagi ya gezi

πρίζα

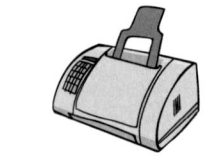

muchini wo rhumela rungula

συσκευή φαξ

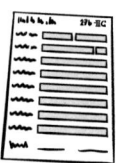

fomo

έντυπο

papila

έγγραφο

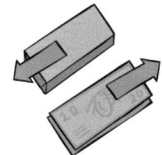

xava

αγοράζω

hakela

πληρώνω

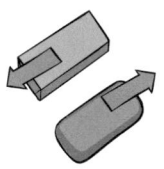

xavisa

συναλλάσσομαι

mali

χρήματα

dolara

δολάριο

euro

ευρώ

yen

γιεν

rouble

ρούβλι

Swiss franc

ελβετικό φράγκο

renminb yuan

ρενμίνμπι γιουάν

rupee

ρουπία

muchini wa mali

ATM (αυτόματη ταμειακή μηχανή)

ndhawu yo cinca mali

ανταλλακτήρια συναλλάγματος

nsuku

χρυσός

silivhere

ασήμι

mafurha

πετρέλαιο

matimba

ενέργεια

hakelo

τιμή

ntwanano

συμβόλαιο

xibalo

φόρος

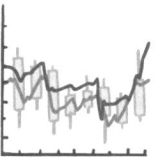

nundzu ya timali

μετοχή

tirha

δουλεύω

mutirhi

υπάλληλος

mothorhi

εργοδότης

fektri

εργοστάσιο

xitolo

κατάστημα

mintirho
επαγγέλματα

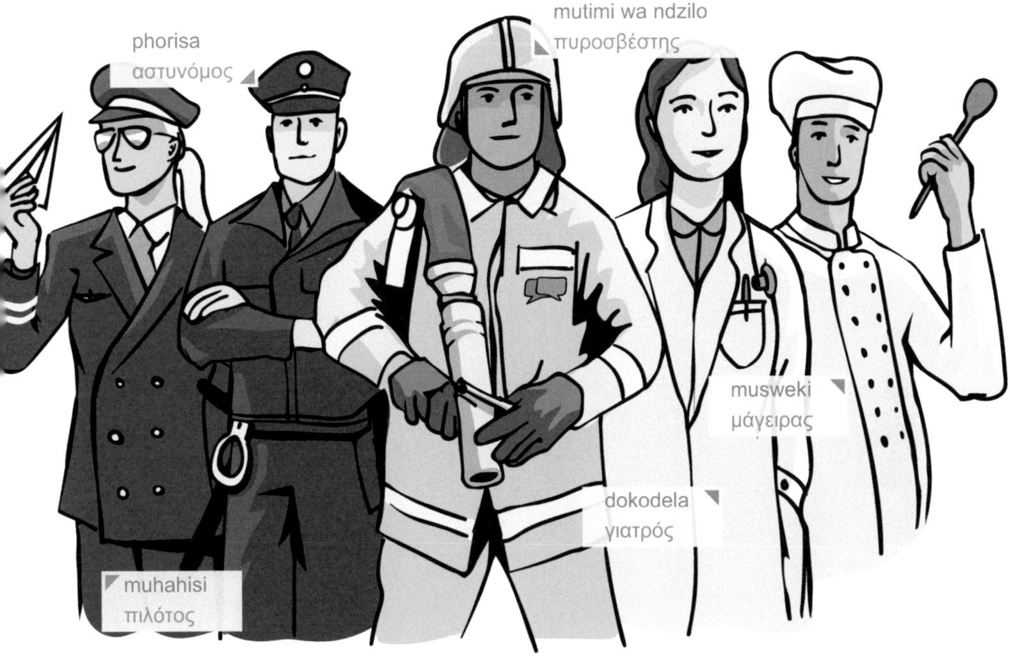
phorisa
αστυνόμος
mutimi wa ndzilo
πυροσβέστης
musweki
μάγειρας
dokodela
γιατρός
muhahisi
πιλότος

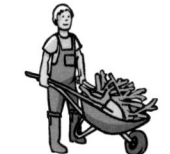

muhlayi wa ntanga
κηπουρός

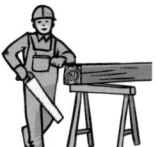

muvatli
ξυλουργός

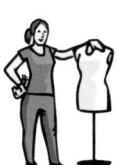

murungi
μοδίστρα

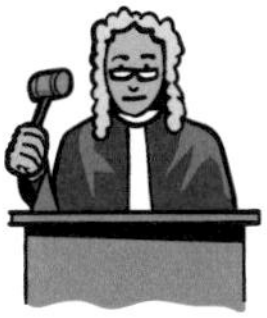

muavanyisi
δικαστής

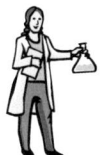

xitshunguri
χημικός

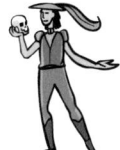

mutlangi
ηθοποιός

muchaeri wa tibazi

οδηγός λεωφορείου

muchayeri wa thekisi

ταξιτζής

muphasi wa tinhlampfi

ψαράς

wansati wa ku basisa

καθαρίστρια

mufuleri

τεχνίτης στεγών

muphameri

σερβιτόρος

muhloti

κυνηγός

mupendi

ζωγράφος

mubaki

αρτοποιός

mutivi wagezi

ηλεκτρολόγος

muaki

οικοδόμος

munjiniyara

μηχανολόγος

muxavisi wa nyama

κρεοπώλης

muplambara

υδραυλικός

muheleketi wa poso

ταχυδρόμος

socha

στρατιώτης

mumpfampfarhuti

αρχιτέκτονας

muamukeli wa timali

ταμίας

muxavisi wa swiluva

ανθοπώλης

mululamisi wa misisi

κομμωτής

mufambisi

ελεγκτής εισιτηρίων

munhu wo lungisa timovha

μηχανικός

mulawuri

καπετάνιος

dokotela wa matinho

οδοντίατρος

mutivi wa sayensi

επιστήμονας

mufundisi

ραβίνος

murhangeri

ιμάμης

nghwendza

μοναχός

mfundisi

ιερέας

switirhisiwa

εργαλεία

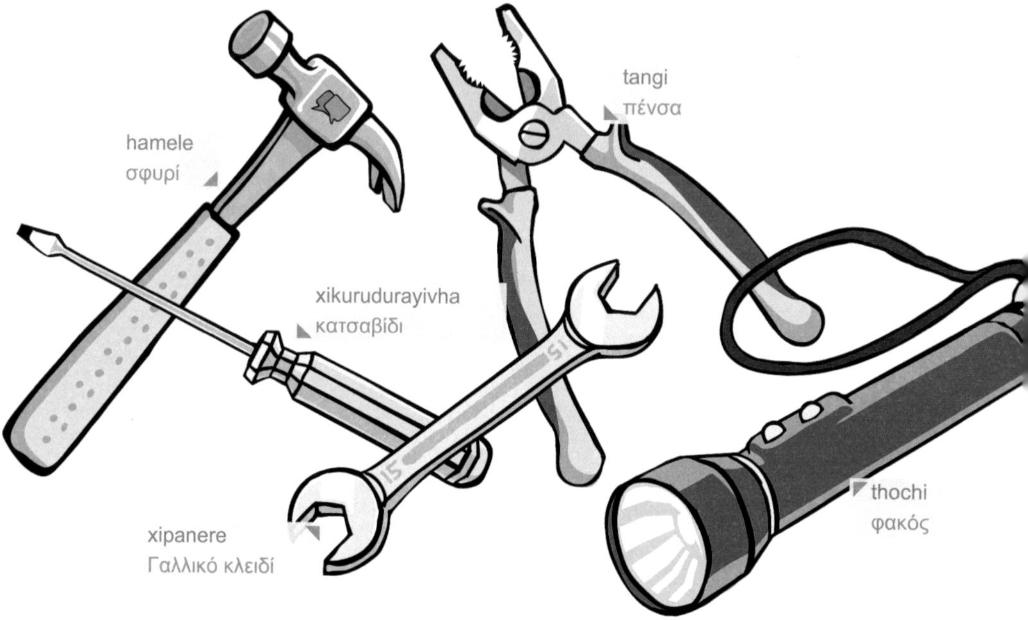
hamele
σφυρί
tangi
πένσα
xikurudurayivha
κατσαβίδι
xipanere
Γαλλικό κλειδί
thochi
φακός

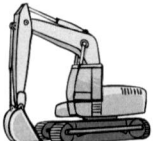

muchini wo cela

εκσκαφέας

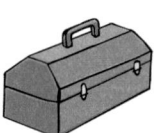

bokisi ra switirhisiwa

εργαλειοθήκη

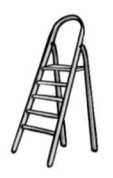

xitepisi

σκάλα

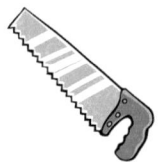

saha

πριόνι

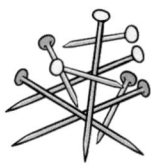

swipikiri

καρφιά

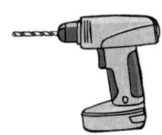

muchini wo boxa

τρυπάνι

lunghisa

επισκευάζω

foxolo

φτυάρι

Thyaka!

Να πάρει!

nchumu wo susa ritshuri

φαράσι

mbita ya pende

δοχείο χρωμάτων

bawuti

βίδες

swichayachayana

μουσικά όργανα

swigubu
ντραμς

xikurisa-mpfumawulo
μεγάφωνο

katara
κιθάρα

double bass
κοντραμπάσο

mhalamhala
τρομπέτα

piyano

πιάνο

violin

βιολί

bass

μπάσο

timpani

τύμπανα

xigubu

τύμπανο

keyboard

πλήκτρα

saxophone

σαξόφωνο

xitiringo

φλάουτο

xikurisa-marito

μικρόφωνο

ntanga wa swiharhi

ζωολογικός κήπος

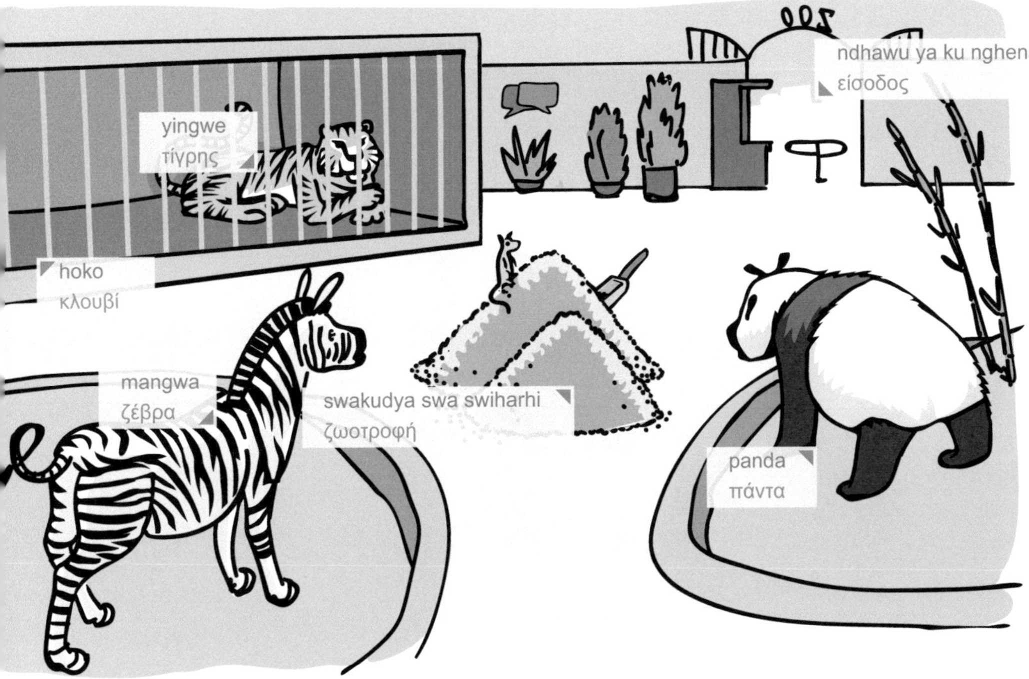

ndhawu ya ku nghena
είσοδος
yingwe
τίγρης
hoko
κλουβί
mangwa
ζέβρα
swakudya swa swiharhi
ζωοτροφή
panda
πάντα

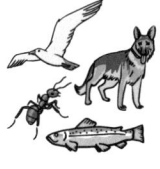

swiharhi

ζώα

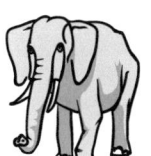

ndlopfu

ελέφαντας

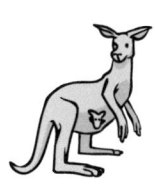

xinjhenghwe

καγκουρό

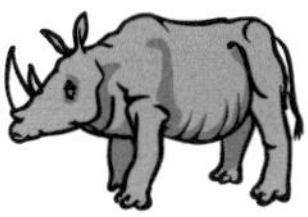

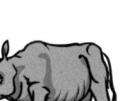

mhelembe

ρινόκερος

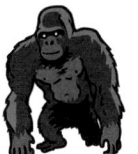

gorila

γορίλας

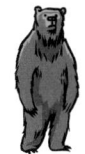

bere

αρκούδα

kamela

καμήλα

yintsha

στρουθοκάμηλος

nghala

λιοντάρι

nkawu

πίθηκος

flamingo

φλαμίνγκο

hokwe

παπαγάλος

bere

πολική αρκούδα

penguin

πιγκουίνος

shaka

καρχαρίας

hanti

παγώνι

nyoka

φίδι

ngwenya

κροκόδειλος

muhlayisi wa mintanga ya
swiharhi

φύλακας ζωολογικού κήπου

seal

φώκια

jaguar

τζάγκουαρ

hanci

πόνυ

yingwe

λεοπάρδαλη

mpfuvu

ιπποπόταμος

nhutlwa

καμηλοπάρδαλη

gama

αετός

ngluve ya nhova

αγριογούρουνο

hlampfi

ψάρι

mfutsu

χελώνα

nyimpfu ya le lwandle

θαλάσσιος ίππος

mhungubye

αλεπού

mhala

γαζέλα

bolo ya le Amerika
Αμερικάνικο ποδόσφαιρο

kufamba hi xi kanyakanya
ποδηλασία

tennis
αντισφαίριση

basketball
μπάσκετ

kuhlambela
κολύμβηση

ntlango wa ku bana
πυγχαμία

khororo ya le ayisini
χόκεϋ επί πάγου

bolo
ποδόσφαιρο

badminton
μπάντμιντον

mintlango
στίβος

bolo ya mavoko
χάντμπολ

kureta e gambokweni
σκι

polo
πόλο

hleka
γελάω

tlula
πηδάω

angara
αγκαλιάζω

famba
περπατάω

yimbelela
τραγουδάω

lora
ονειρεύομαι

khongela
προσεύχομαι

ntswontswa
φιλάω

tsala	dirowa	komba
γράφω	σχεδιάζω	δείχνω
dlidlimeta	nyika	teka
πιέζω	δίνω	παίρνω

yi va

έχω

endla

κάνω

ku va

είμαι

yima

στέκομαι

tsutsuma

τρέχω

koka

τραβάω

lahlela

ρίχνω

wana

πέφτω

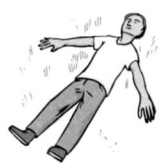

hemba

ξαπλώνω

rindza

περιμένω

rhwala

κουβαλώ

tshama

κάθομαι

ambala

φοράω

tlela

κοιμάμαι

pfuka

ξυπνάω

languta

κοιτάω

rila

κλαίω

bana

χαϊδεύω

kama

χτενίζω

vulavula

μιλάω

twisisa

καταλαβαίνω

vutisa

ρωτάω

yingisa

ακούω

nwana

πίνω

dyana

τρώω

basisa

συγυρίζω

randza

αγαπάω

sweka

μαγειρεύω

chayela

οδηγώ

haha

πετάω

tluta

κάνω ιστιοπλοΐα

hlaya

υπολογίζω

hlaya

διαβάζω

hlaya

μαθαίνω

tirha

δουλεύω

teka

παντρεύομαι

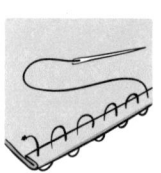

rhunga

ράβω

kuhlamba meno

βουρτσίζω τα δόντια

dlaya

σκοτώνω

dzaha

καπνίζω

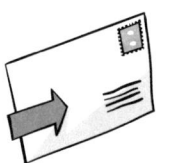

rhumela

στέλνω

ndyanghu

οικογένεια

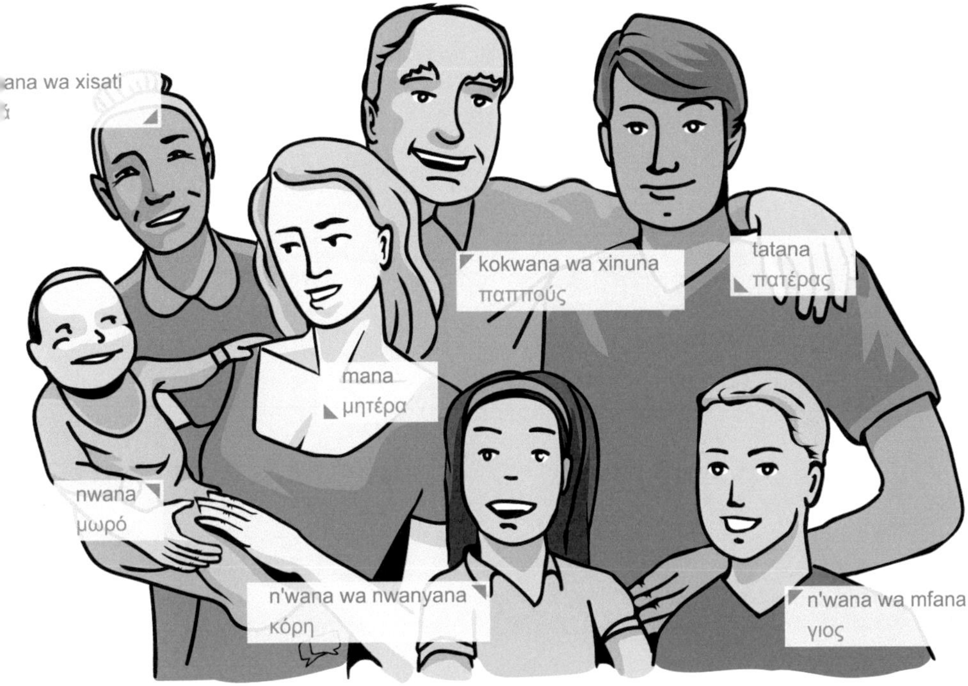

ana wa xisati
kokwana wa xinuna
παππούς
tatana
πατέρας
mana
μητέρα
nwana
μωρό
n'wana wa nwanyana
κόρη
n'wana wa mfana
γιος

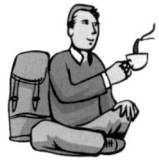

muendzi

καλεσμένος

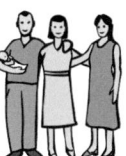

hahani

θεία

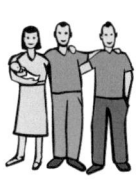

malume

θείος

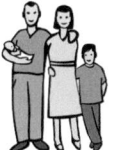

makwerhu

αδελφός

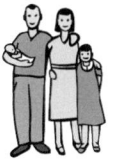

makwrhu

αδελφή

miri

σώμα

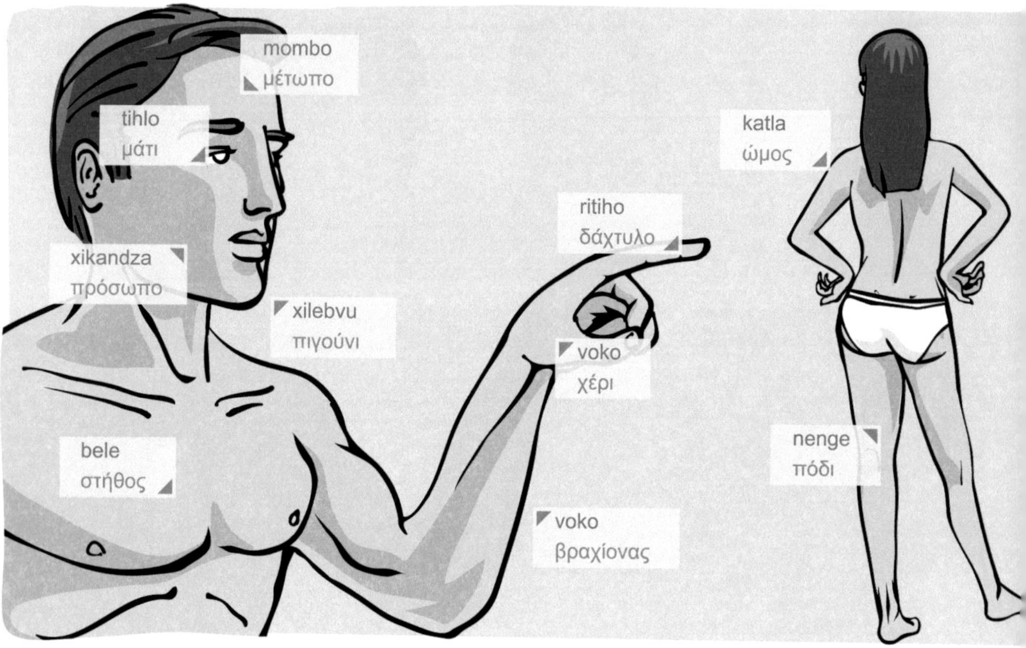
mombo
μέτωπο
tihlo
μάτι
katla
ώμος
ritiho
δάχτυλο
xikandza
πρόσωπο
xilebvu
πιγούνι
voko
χέρι
nenge
πόδι
bele
στήθος
voko
βραχίονας

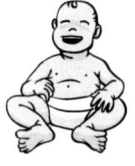

nwana
μωρό

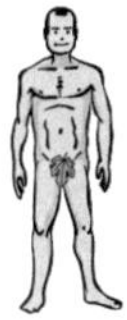
n'wanuna
άνδρας

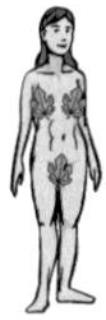
nw'ansati
γυναίκα

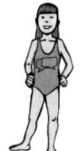

nhwanyana
κορίτσι

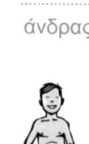

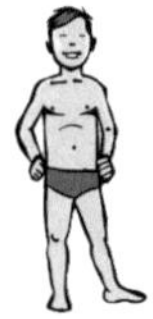
mfana
αγόρι

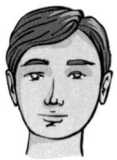

nhloko
κεφάλι

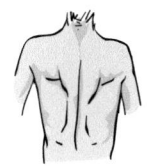

nhlana

πλάτη

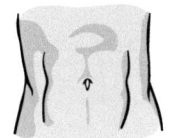

khwiri

κοιλιά

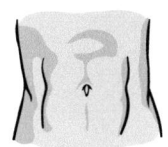

nkava

αφαλός

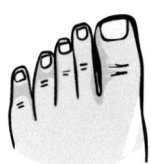

xikunwani

δάχτυλο ποδιού

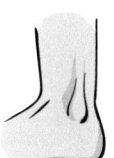

xirhenze

φτέρνα

rhambu

κόκκαλο

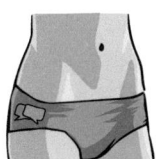

nyonga

γοφός

tsolo

γόνατο

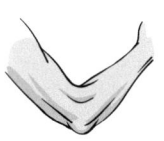

xikokola

αγκώνας

nompfu

μύτη

xisuti

γλουτός

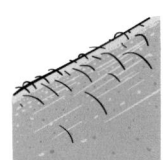

nhlonge

δέρμα

rhama

μάγουλο

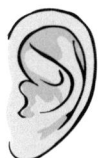

ndlebe

αυτί

nomu

χείλος

nomu

στόμα

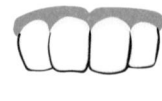

tinyo

δόντι

ririmi

γλώσσα

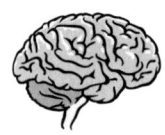

byongo

εγκέφαλος

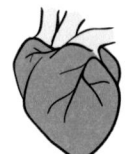

mbilu

καρδιά

nsiha

μυς

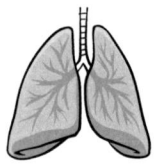

hahu

πνεύμονας

vixindzi

συκώτι

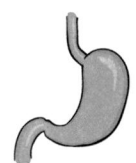

khwiri

στομάχι

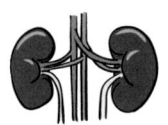

tinso

νεφρά

masangu

σεξουαλική επαφή

khondomu

προφυλακτικό

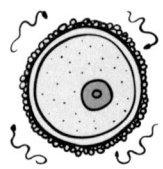

tandza

ωάριο

mbewu ya vununa

σπέρμα

nyimba

εγκυμοσύνη

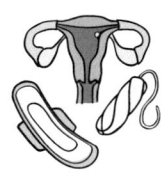

kuya enkarhini

περίοδος

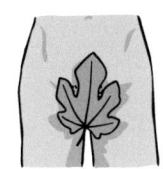

muhocho

γυναικείος κόλπος

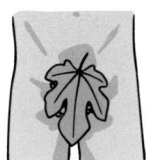

xiluma

πέος

tinxiyi

φρύδι

misisi

μαλλιά

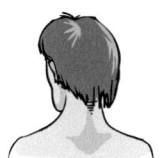

nhamu

λαιμός

xibedlhele
νοσοκομείο

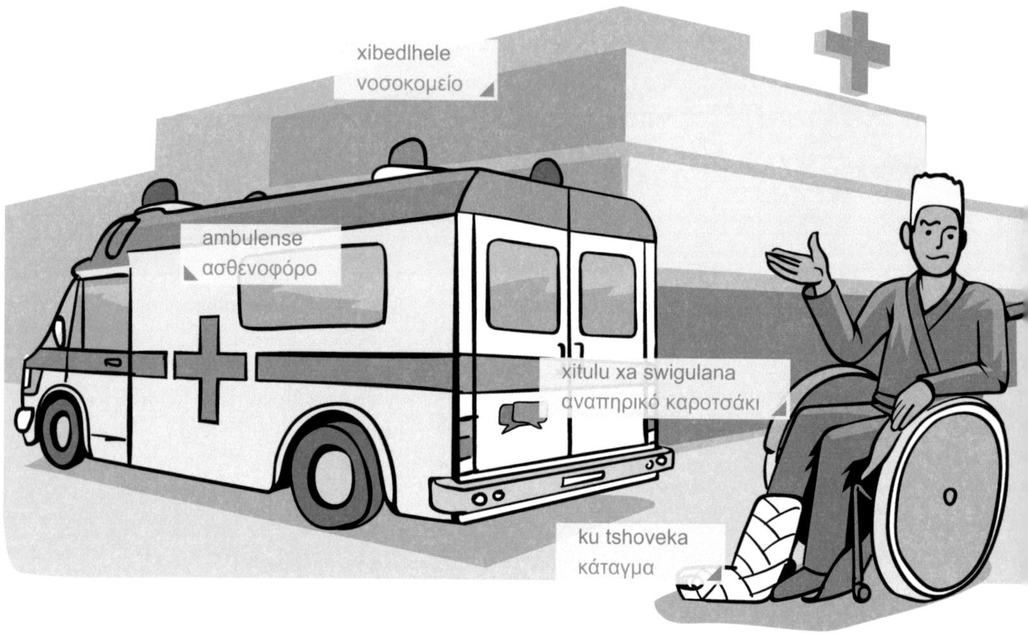

xibedlhele
νοσοκομείο
ambulense
ασθενοφόρο
xitulu xa swigulana
αναπηρικό καροτσάκι
ku tshoveka
κάταγμα

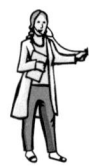

dokodela

γιατρός

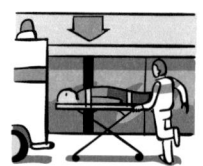

kamara ra xilamulela-mhango

μονάδα εντατικής θεραπείας

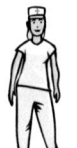

muongori

νοσοκόμα

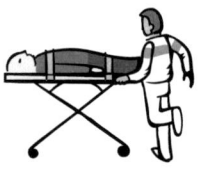

xihatla

έκτακτη ανάγκη

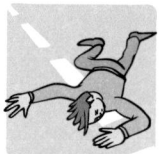

ku titivala

λιπόθυμος

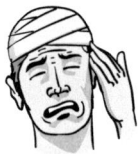

kuvava

πόνος

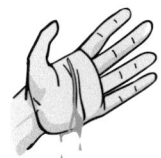

ku vaviseka

τραύμα

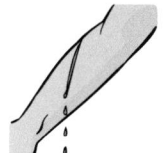

mpfempfa ngati

αιμορραγία

ku hlaseriwa himbilu

έμφραγμα

ku oma swirho

εγκεφαλικό

rinyenyo

αλλεργία

khohlola

βήχας

xifumbu

πυρετός

mukhuhlwana

γρίπη

nchuluko

διάρροια

ku pandza ka nhloko

πονοκέφαλος

khensa

καρκίνος

chukela

διαβήτης

dokodela

χειρουργός

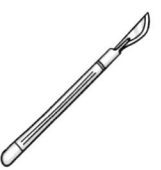

mukwana

νυστέρι

vuhandzuri

εγχείρηση

CT

αξονική τομογραφία

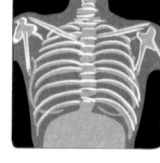

x-rheyi

ακτινογραφία

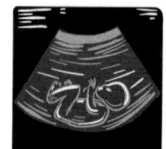

muchini wo yingisela ntshuka-ntshuko

υπέρηχος

xo tipfala tinhomfu

μάσκα

vuvabyi

ασθένεια

kamara ro rindza

αίθουσα αναμονής

nhonga

πατερίτσα

semendhe

χάνσαπλαστ

bandhichi

επίδεσμος

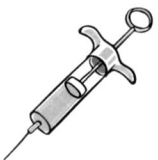

neleta

ένεση

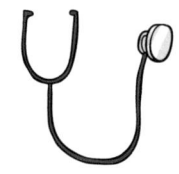

muchini wa madokodela wa ku yingisa

στηθοσκόπιο

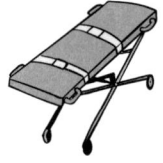

rihlaka

φορείο

xipima-mahiselo

θερμόμετρο

ku veleka

γέννηση

ku nyuhela

υπέρβαρο

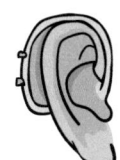

swipfuneta-ku-twa

ακουστικό βαρηκοΐας

khemikhale yo dlaya
switsongwatsongwana

αντισηπτικό

switsongwatsongwana

λοίμωξη

xitsongwatsongwana

ιός

HIV / AIDS

HIV/AIDS

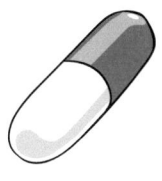

miri

φάρμακο

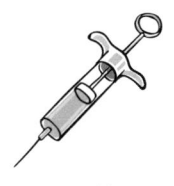

nayiti

εμβολιασμός

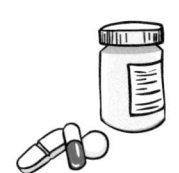

maphilisi

δισκία

pilisi

χάπι

riqingho ra xihatla

κλήση έκτακτης ανάγκης

muchini wo kamba
nsusumeto wa ngati

πιεσόμετρο αίματος

vabya / hanya

άρρωστος / υγιής

Pfunani!

Βοήθεια!

bele

συναγερμός

ku hlaseriwa

βιαιοπραγία

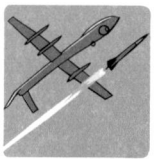

hlasela

επίθεση

khombo

κίνδυνος

nyangwa wo huma loko ku ri ni mhango

έξοδος κινδύνου

Ndzilo!

Φωτιά!

xo tima ndzilo

πυροσβεστήρας

mhangu

ατύχημα

bokisi ra xilamulela-mhango

κουτί πρώτων βοηθειών

SOS

SOS

phorisa

αστυνομία

Yuropa

Ευρώπη

Amerika N'walungu

Βόρεια Αμερική

Amerika Dzonga

Νότια Αμερική

Afrika

Αφρική

Asia

Ασία

Australia

Αυστραλία

Atlantic

Ατλαντικός Ωκεανός

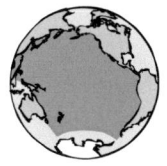

Pacific

Ειρηνικός Ωκεανός

Lwandle-nkulu ra Indiya

Ινδικός Ωκεανός

Lwandle-nkulu ra Antarctic

Ανταρκτικός Ωκεανός

Lwandle-nkulu ra Arctic

Αρκτικός Ωκεανός

North Pole

Βόρειος Πόλος

South Pole

Νότιος Πόλος

Antarctica

Ανταρκτική

Misava

Γη

tiko

γη

lwandle

θάλασσα

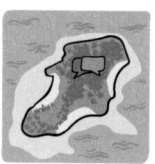

xihlala

νησί

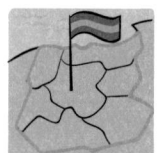

rixaka

έθνος

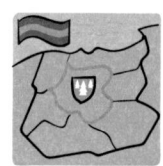

tiko

πολιτεία

xikomba nkarhi

καντράν ρολογιού

xikomba-tiawara

ωροδείκτης

xikomba-timineti

λεπτοδείκτης

xikomba-tisekoni

δείκτης δευτερολέπτων

I nkarhi muni?

Τι ώρα είναι;

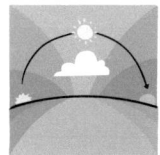

siku

ημέρα

nkarhi

χρόνος

sweswi

τώρα

wachi leyi tshavatelaka

ψηφιακό ρολόι

minete

λεπτό

awara

ώρα

viki

εβδομάδα

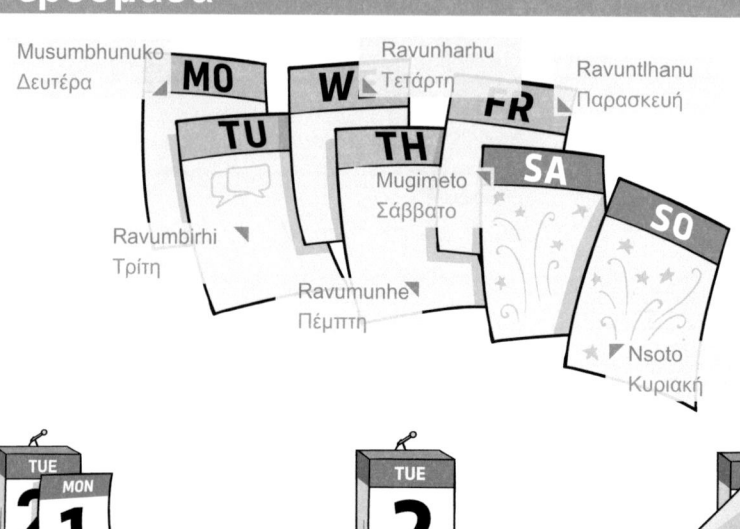

Musumbhunuko
Δευτέρα

Ravumbirhi
Τρίτη

Ravunharhu
Τετάρτη

Ravumunhe
Πέμπτη

Ravuntlhanu
Παρασκευή

Mugimeto
Σάββατο

Nsoto
Κυριακή

tolo

χθες

namuntlha

σήμερα

mundzuku

αύριο

mixo

πρωί

nhlekani

μεσημέρι

madyambu

βράδυ

MO	TU	WE	TH	FR	SA	SU
1	2	3	4	5	6	7
8	9	10	11	12	13	14
15	16	17	18	19	20	21
22	23	24	25	26	27	28
29	30	31	1	2	3	4

masiku ya ntirho

εργάσιμες ημέρες

MO	TU	WE	TH	FR	SA	SU
1	2	3	4	5	6	7
8	9	10	11	12	13	14
15	16	17	18	19	20	21
22	23	24	25	26	27	28
29	30	31	1	2	3	4

mahelo vhiki

Σαββατοκύριακο

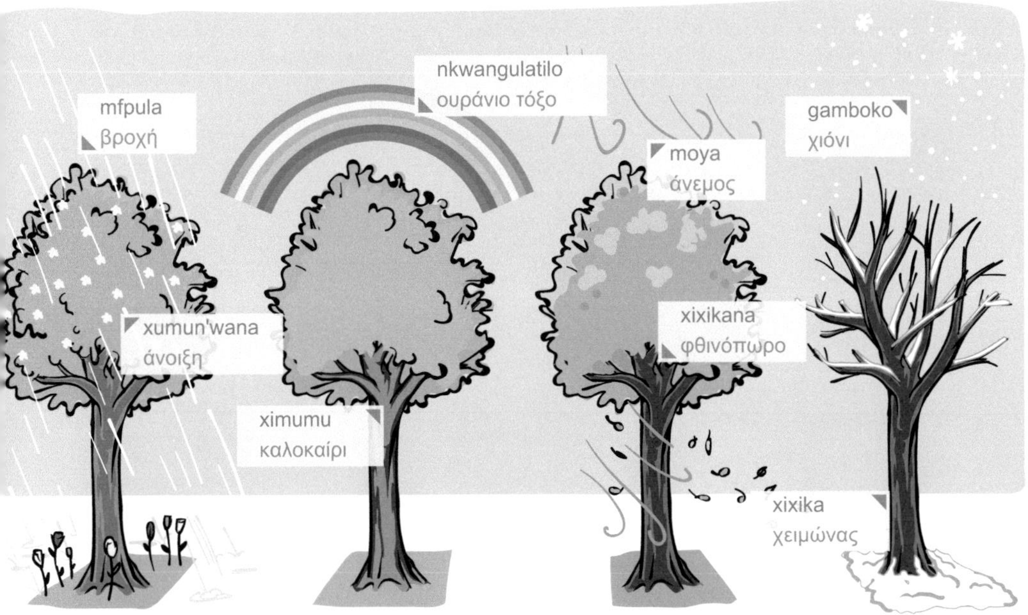

mfpula
βροχή

nkwangulatilo
ουράνιο τόξο

gamboko
χιόνι

moya
άνεμος

xumun'wana
άνοιξη

xixikana
φθινόπωρο

ximumu
καλοκαίρι

xixika
χειμώνας

vumbha tamaxelo

πρόγνωση καιρού

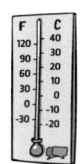

xipima-mahiselo

θερμόμετρο

dyambu

λιακάδα

papa

σύννεφο

hunguva

ομίχλη

kutsakama

υγρασία

rihati

αστραπή

dzindza-tilo

κεραυνός

xidzedze

καταιγίδα

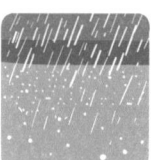

xihangu

χαλάζι

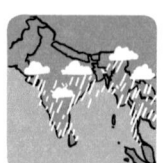

mpfula

μουσώνας

ndhambi

πλημμύρα

ayisi

πάγος

Sunguti

Ιανουάριος

Nyenyenyana

Φεβρουάριος

Nyenyankulu

Μάρτιος

Dzivamusoko

Απρίλιος

Mudyaxihi

Μάιος

Khotavuxika

Ιούνιος

Mawuwani

Ιούλιος

Mhawuri

Αύγουστος

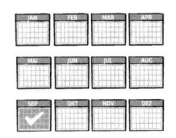

Ndzhati

Σεπτέμβριος

Nhlangula

Οκτώβριος

Hukuri

Νοέμβριος

N'wendzamhala

Δεκέμβριος

swivumbeko

σχήματα

xirendzevutana

κύκλος

xikwere

τετράγωνο

matlhelo ya mune

ορθογώνιο
παραλληλόγραμμο

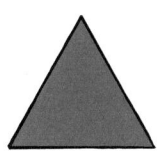

xivunguvungu xa tintlha
tinharhu

τρίγωνο

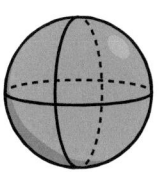

bolo

σφαίρα

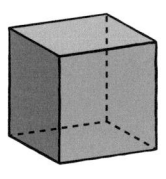

cube

κύβος

basa

άσπρο

xitshopana

κίτρινο

lamula

πορτοκαλί

tshwukanyana

ροζ

tshwuka

κόκκινο

xigunguvungu

μωβ

wasi

μπλε

rihlaza

πράσινο

buraweni

καφέ

mpunga

γκρι

ntima

μαύρο

swo tala / swi tsongo

πολύ / λίγο

hlundzukile / rhurile

θυμωμένος / ήρεμος

sasekile / bihile

όμορφος / άσχημος

masungulo / makumo

αρχή / τέλος

kulu / tsongo

μεγάλος / μικρός

vangama / munyama

φωτεινός / σκοτεινός

buti / sesi

αδελφός / αδελφή

basile / chakile

καθαρός / λερωμένος

helerile / helelangiki

πλήρης / ατελής

siku / vusiku

ημέρα / νύχτα

file / hanyaka

νεκρός / ζωντανός

pfulekile / pfalekile

φαρδύς / στενός

swa dyiwa / a swi dyiwi

βρώσιμος / μη βρώσιμος

homboloka / lunghile

κακός / ευγενικός

tsakile / phirekile

ενθουσιασμένος /
βαριεστημένος

nyuhela / lala

παχύς / λεπτός

masungulo / makumo

πρώτος / τελευταίος

mungana / nala

φίλος / εχθρός

tele / hava

γεμάτος / άδειος

tiyile / olova

σκληρός / μαλακός

tika / vevuka

βαρύς / ελαφρύς

ndlala / torha

πείνα / δίψα

vabya / hanya

άρρωστος / υγιής

swi ngariki enawini / enawini

παράνομος / νόμιμος

tlharihile / xiphukuphuku

έξυπνος / χαζός

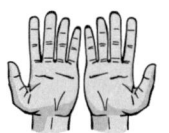

ximati / xinene

αριστερός / δεξιός

akusuhi / kule

κοντινός / μακρινός

yintshwa / tirhisiwile

καινούριος / μεταχειρισμένος

hava / xin'wana

τίποτα / κάτι

dyuharile / muntshwa

γέρος | νέος

xarirha / xitimile

αναμμένος / σβηστός

pfurile / pfariwile

ανοιχτός / κλειστός

myerile / huwa

χαμηλόφωνος / μεγαλόφωνος

fuwile / xisiwana

πλούσιος / φτωχός

swinene / bihile

σωστός / λανθασμένος

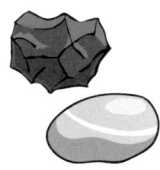

khwasha / reta

τραχύς / λείος

vaviseka / tsaka

λυπημένος / χαρούμενος

koma / leha

κοντός / μακρύς

hlwela / hatlisa

αργός / γρήγορος

tsakama / oma

υγρός / στεγνός

kufumela / titimela

ζεστός / δροσερός

nyimpi / kurhula

πόλεμος / ειρήνη

0

noto

μηδέν

1

n'we

ένα

2

mbirhi

δύο

3

nharhu

τρία

4

mune

τέσσερα

5

ntlhanu

πέντε

6

ntsevu

έξι

7

nkombo

εφτά

8

nhungu

οκτώ

9

nkaye

εννιά

10

khume

δέκα

11

khume n'we

έντεκα

12

khume mbirhi

δώδεκα

13

khume nharhu

δεκατρία

14

khume mune

δεκατέσσερα

15

khume ntlhanu

δεκαπέντε

16

khume ntsevu

δεκαέξι

17

khumbe nkombo

δεκαεφτά

18

khume nhungu

δεκαοκτώ

19

khume nkaye

δεκαεννέα

20

makhume mambirhi

είκοσι

100

dzana

εκατό

1.000

gidi

χίλια

1.000.000

gidi ya magidi

εκατομμύριο

Xinghezi

Αγγλικά

Xinghezi xa Amerika

Αμερικάνικα Αγγλικά

Xichayina xa Mandarin

Μανδαρίνικα Κινέζικα

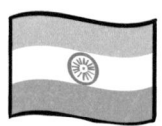

Xihindi

Χίντι

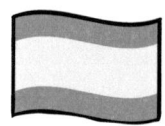

Xipaniya

Ισπανικά

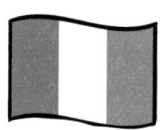

Xifurwa

Γαλλικά

Xiarabu

Αραβικά

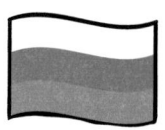

Xirhaxiya

Ρώσικα

Xiputukezi

Πορτογαλικά

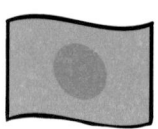

Xibengali

Μπενγκάλι

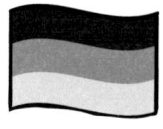

Xijarimani

Γερμανικά

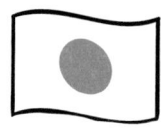

Xijapani

Ιαπωνικά

mina

εγώ

wena

εσύ

yena / yena / xona

αυτός / αυτή / αυτό

hina

εμείς

n'wina

εσείς

vona

αυτοί / αυτές / αυτά

mani?

ποιος / ποια / ποιο;

yini?

τι;

njhani?

πώς;

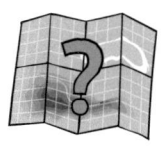

kwihi?

πού;

rhini?

πότε;

vito

όνομα

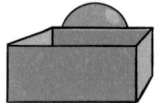

endzaku

πίσω

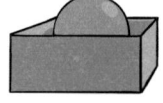

ahehla

μέσα

emahlweni a

μπροστά

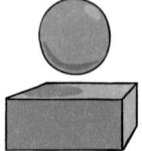

ahenhla ka

πάνω από

eka

πάνω

ehansi

κάτω

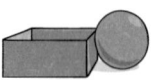

handle ka

δίπλα

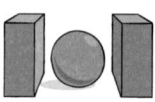

exikarhi ka

ανάμεσα

ndhawu

μέρος